mein
Berlin

mein Berlin

[마인 베를린]

박규리 지음

**Artist's 30 days
in Germany:**

오브바이포
of By For

Plologue

베를린, 검소하지만 누추하지 않으며
화려하지만 사치스럽지 않은 도시

햇수로 4년여 만에 비행기에 올랐던 순간, 이상하게도 설렘과 함께 좀 이상한 느낌이 들었습니다. 저는 '생활형 장기 여행'을 위해 시공간이 비교적 자유로운 직업인 '미술 작가'를 선택했습니다. 20대 때는 인생이 마땅한 방향을 찾지 못했지만, 서른이 넘어가면서 제 삶에서 가장 중요한 것은 무엇인지에 대해 깊이 고민하게 되었습니다. 그러한 시간 동안 여행 중 만난 낯선 장소가 저를 가장 크게 흥분시킨다는 것을 깨달았습니다. 종종 '작가님은 어디서 영감을 얻나요?'라는 질문을 받곤 했는데, 이 질문에 대한 대답은, 20대의 저에게는 '음악'이었지만, 30대의 저에게는 분명 '여행'이었습니다.

그렇게 여행을 즐기던 히피적 성향이 있는 저에게, 여행을 떠날 수 없었던 지난 몇 년은 정말로 지루하고 답답한 시간이었습니다. 방 안에서 활동하지 못하고 갇혀있어야 했던 그 시간은 정말로 힘들었습니다. 그러나 오랜만에 다시 만난 활주로와 대기 중인 비행기, 구름 위에서 펼쳐진 풍경을 보고 모두가 당연한 것이 아니라는 사실을 다시 한번 깨달았습니다. 처음으로 비행기를 탔던 스물두 살 때의 설렘과 같았고, 그 순간을 기록하기 위해 연이어 셔터를 눌렀습니다.

몇 년 전, 일주일도 안 되는 짧은 기간 동안 스치듯 베를린에 머문 적이 있습니다. 보통 2주에서 한 달 동안은 한 도시에 머물며 여행을 즐겨왔기 때문에 베를린은 정말로 미련이 남는 도시였습니다. 하지만 그 이후로도 오랜 시간 동안 베를린을 그리워하며 지냈습니다. 이것은 단지 짧은 시간 때문만이 아닌 것 같았습니다. 베를린은 검소하지만 누추하지 않으며 사치스럽지 않으면서도 화려한 느낌을 주는 도시였고, '검이불루 화이불치儉而不陋 華而不侈'를 모토로 살아가는 제게 큰 영감을 주었습니다. 그 첫인상은 이번 여행을 마칠 때쯤에는 거의 확신으로 변해 있었습니다.

도시마다 독특한 특성이 있지만, 개인적으로 파리는 혼자 여행하기에 조금 외로운 도시였습니다. 낮에는 테라스에 모인 멋진 사람들이 시끌벅적하게 웃고 대화하면서 즐기는 모습이 흔한 풍경이었고, 그 사이에서 가끔 외로움을 느꼈습니다. 한국의 친구들이 그리울 때도 있었습니다. 반면 베를린에서는 혼자서도 카페나 펍에서 시간을 보내는 사람들을 자주 목격했습니다. 물론 저와는 아무 상관 없는 사람들이지만, 동지 같은 존재가 있다는 느낌을 주었습니다. 혼자 여행하는 사람에게 이렇게 자유로운 도시가 또 어디 있을까요? 물론 함께하는 것도 너무나 좋은 곳입니다!

누군가에게 여행은 '음식'이 될 수도 있고, '쇼핑'일 수도 있으며, '역사'가 될 수도 있습니다. 하지만 저에게 여행은 '공간'입니다. 저는 평소에도 실내디자인(인테리어)에 많은 관심을 가지고 있습니다. 가구 배치를 바꾸는 것을 즐기며, 주변 사람들은 제가 일 년에 열두 번도 더 집 분위기를 바꾸는 것 같다고 말합니다. 이사를 자주 다니지는 못하지만, 가구 배치만 바꾸어도 새로운 분위기를 만들 수 있다고 생각합니다. 또한, 저는 이런 변화를 통해 새로운 아이디어와 창조성을 얻는다고 믿습니다. 그래서 타인들, 특히 다른 나라 사람들은 어떤 공간에서 살고 있는지 늘 궁금해합니다. 여행 중에는 각 도시의 특성에 따라 공간과 디자인의 활용법이 어떻게 다른지 주의 깊게 관찰하곤 합니다. 이런 차이를 발견하는 일은 유적지를 탐방하는 것 못지않게 흥미진진한 경험이라고 생각합니다.

공간에 대한 저의 남다른 애정을 담은 이 책이 저와 비슷한 취향과 특성을 가진 사람들뿐만 아니라 현재의 일상에서 지루함을 느끼는 누군가에게도 신선한 자극이 되었으면 좋겠습니다. 책의 페이지를 넘기는 동안만큼은 일상의 단조로움을 잠시 잊고 '낯선 공간으로 떠난 여행'의 순간을 느껴보시길 바랍니다.

2023년 늦여름과 초가을의 사이
Kelly Park 박규리

Berlin Germany 6

Contents

Prologue 4

Day 1
늦은 밤, 베를린에 발을 들이다 8

Day 2
베를린의 우리집 10

Day 3
사소하지만 필요한 것들 20

Day 4
여행 속의 여행 30

Day 5
게으름을 독려하는 호텔 38

Day 6
콜비츠 플리마켓 50

Day 7
마우어파크 플리마켓 64

Day 8
오늘부터 제대로 현지인처럼 76

Day 9
신국립미술관과 숨은 갤러리들 88

Day 10
베를린 현대미술 비엔날레 98

Day 11
운명의 안경을 찾아서 112

Day 12
오늘도 날씨가 파랗다 122

Day 13
독립 출판물의 천국 134

Day 14
예술이란 무엇일까 150

Day 15
열정을 깨우는 베를린의 핫플 158

Day 16
안드레아스 무르쿠디스 168

Day 17
고르키 아파트먼트 178

Day 18
쿤스트라움 크로이츠베르크 190

Day 19
바우하우스 아카이브 숍 200

Day 20
향기를 모으는 사람 206

Day 21
일요일엔 정원에서 216

Day 22
베를린에 왔으니 프라이탁 222

Day 23
동물원 옆 디자인 호텔 228

Day 24
또 다른 여행의 시작 238

Day 25
베를린의 앤티크 빈티지 마켓 248

Day 26
추억의 브런치 카페 258

Day 27
아침 식사의 즐거움 266

Day 28
베를린에서 스냅 사진을 274

Day 29
친구 로먼의 작업실 280

Day 30
여행의 이유 288

Day 1
늦은 밤, 베를린에 발을 들이다

고소공포증이 있고 놀이기구도 타지 못하는 내게 비행기를 타는 것은 조금 과하게 말하면 목숨을 거는 일이기도 하다. 매번 탑승 때마다 조용히 기도를 한다. 무사히 도착하기를. 그런데도 기회만 닿으면 짐을 싸고 비행기를 탄다는 건 그만큼 여행에 대한 열망이 뜨겁다는 것이다. 목숨을 걸 만큼. 더구나 이번 여행은 팬데믹으로 인해 4년 만에 비행기에 오르는 것이고 간절한 만큼 두려움 또한 고조되어 있었다.

베를린은 아쉽게도 직항 노선이 없다. 프랑크푸르트나 런던, 파리 등 유럽 어딘가를 반드시 경유해야 한다. 바로 닿지 못하기 때문에 조금 불편하기도 하지만, 상황이 된다면 유럽의 다른 곳을 부록처럼 함께 다녀올 수 있다. 4년 전 베를린에서 일수일 정도 머물렀을 때는 바르셀로나를 경유했지만, 이번에는 파리를 경유하기로 했다.

유럽행 비행기는 모두 러시아 상공을 우회하기 때문에 서울에서 파리까지 14시간이 걸렸다. 파리에서 베를린까지는 한 시간 반 남짓, 경유 대기 시간까지 포함하면 거의 20시간 만에 베를린 브라덴부르크 공항에 도착했다.

늦은 밤, 나는 다행스럽게 무사히 베를린에 발을 들였다. 너무 어둡고 피곤해서인지 셀렘보다는 큰 사건 없이 도착했다는 안도감이 조금 더 컸던 것 같다.

Day 2
베를린의 우리집

한 달은 현지인처럼 살기에는 턱없이 짧지만 단순한 여행으로는 결코 짧지 않다. 더구나 도시의 이동 없이 한 도시에서 한 달을 머문다는 건 어설프게나마 '생활'을 맛볼 수 있는 최소한의 시간이지 않을까. '공간'에 대한 애정이 넘치는 나는 베를린에서 가보고 싶은 호텔과 에어비앤비 숙소가 많았다. 하지만 아무리 최소한이라 해도 한 달 치 짐을 들고 여기저기 잦은 체크인과 체크아웃을 하기에는 무리가 있었다.
그래서 결심했다. 보통 수준의 에어비앤비 하나를 한 달간 렌트해 베이스캠프로 삼자. 그러니까 한 달 동안은 '우리 집'인 셈이다. 그리고 일주일에 한 번 정도 그동안 가보고 싶었던 에어비앤비, 호텔 리스트 중 한 곳을 골라 호캉스하듯 방문하기로 했다. 가벼운 차림으로 체크인할 수 있고 새로운 공간을 온전히 누리고 즐길 수 있으니 나 같은 사람에게는 썩 괜찮은 선택이 아닌가!

한 달 동안 머물 숙소는 무엇보다 위치를 고려했다. 대중교통이나 자전거, 우버 등 다양한 이동 수단을 이용할 수 있지만, 작은 도시에 속하는 베를린에서는 위치만 잘 선택하면 웬만한 곳은 동서남북 5km 이내로 걸어 다닐 수 있다. 무엇보다 베를린은 걷기에 참 좋은 도시다.

한 가지 변수가 있다면 에어비앤비 숙소는 사이트에서 확인한 사진 속 집과 실제 집이 내가
상상하던 것과는 조금 달랐다는 것. 실제 공간에는 사진 속의 그 낭만이 없었다. 에어비앤비를
택하는 것이 호텔의 장기 투숙보다 저렴하다는 이점과 함께 누군가의 일상과 집주인의 취향을
엿보는 재미가 있기 때문인데, 요즘의 에어비앤비는 사실 숙박 시설과 다르지 않아 보여 조금
아쉽다.
하지만 한 달간 머물러야 하기 때문에 온기와 낭만이 필요했다. 그래서 짐을 풀기도 전에 먼저
소파의 위치를 바꾸고 관광호텔 분위기가 나는 액자들을 모두 한쪽에 치워두었다.
이제 '베를린의 우리 집'이 좀 아늑해졌다.

장기 여행을 즐기는 내가 보통 숙소 정리를
끝내고 가장 먼저 하는 일은 집 근처 카페를
탐색하는 것이다. 여행 중에도 책 한 권과
아이패드를 들고 매일 집 앞으로 커피를
마시러 나가는 것이 나의 모닝 루틴이다 보니,
단골 카페를 만드는 것이 무엇보다 중요하다.
"안녕?"이라는 짧은 인사가 어느새 "오늘은
어디로 가니?"라는 친근한 대화로 이어지고,
그렇게 나는 그곳의 단골손님이 되곤 한다.

내가 머문 아파트 1층에는 카페와 레스토랑이 많지만, 한국으로 치면 그야말로 동네 백반집이나 '그냥 카페' 같은 곳들이었다. 그런데 횡단보도 하나만 건너면 꽤 근사하고 빈티지한 바이크 카페가 있었다. 무언가 '끌림'이 있는 곳이었다.

아침이라 테라스석에 여유가 있었지만 지내면서 보니 오전 11시 무렵 브런치 타임이 시작되면 금세 만석이 되었다. 처음 선택한 샐러드는 조금 아쉬웠지만, 알고 보니 이곳은 팬케이크가 유명했다. 프렌치토스트와 비건 크루아상을 추천했는데 기대 이상으로 맛있었다. 베를린에 도착한 첫날 눈에 들어온 이 '빈티지 바이크' 덕분에 이곳에서 자전거를 경험해보고 싶어졌다.

Steel Vintage Bikes Café
Add Wilhelmstraße 91, 10117 Berlin
Open 월~금요일 10:00~17:00, 토 · 일요일 09:00~17:00
Site www.steel-vintage.com/cafe-and-store/wilhelmstr

나는 여행할 때 계획을 구체적으로 세우지 않는 편이다. 하지만 반드시 살피는 것이 있다면 바로 날씨다. 날씨에 따라 그날의 기분이 크게 좌우되기 때문이다. 비록 나의 직업이 안정된 삶을 보장해주지는 못하지만 무더울 때는 서늘한 곳으로, 한겨울에는 따뜻한 곳으로 떠날 수 있음에 늘 감사한다. 이곳 유럽의 여름도 무시무시하게 더워지고 있지만, 점점 습해지는 우리나라 여름에 비하면 그늘 아래에서는 꽤 선선하고 쾌청하다.

집 주변에는 뭐가 있을까? 처음으로 동네를 돌아보기로 했다. 집이 관광 명소 중심에 있다 보니, 동네 한 바퀴를 돈다는 게 관광이 되어버렸다. 멀리 보이지만 그리 멀지 않은 곳에 TV 타워가 보이고, 걷다 보면 슈프레 강변의 어느 다리를 건너게 되고, 유명 갤러리나 박물관과 불쑥불쑥 마주친다.

오후 반나절 산책을 하면서 알게 된 사실.
아, 자전거와 킥보드, 그래피티가 바로 베를린이구나!

Day 3
사소하지만 필요한 것들

잠깐 미테 시내에 다녀왔다. 집에서 걸어서 20분 정도 걸리는 거리다. 이곳 베를린에서 자전거나 타투만큼 많이 볼 수 있는 건 목줄을 하지 않은 강아지들이다. 하지만 보호자와 반려견 모두 엄격한 훈련을 받아야만 함께 지낼 수 있다고 한다. 그래서인지 작은 강아지나 큰 개나 하나같이 제법 의젓했다. 베를린은 반려견이 살기 좋은 도시로 손꼽힌다고 한다. 반려견들의 자유로운 모습을 보면서 부모님께 맡겨두고 온 나의 사랑하는 박감자가 너무 보고 싶었다. 다음에는 꼭 함께 올 수 있기를!

Berlin Germany   22

그렇게 걷다 이솝에 잠시 들렀다. 이솝은 도시마다 특색 있는 인테리어 디자인으로 유명하다. 디자인에 관심이 있다면 꼭 가보길 추천한다. 베를린 미테의 이솝은 과연 어떤 모습일까? 따스함이 묻어나는 몇몇 초록 타일과 식물, 빈티지한 파이프관의 장식이 조화롭게 다가왔다.

Aesop
Add Alte Schönhauser Str. 48, 10119 Berlin
Open 월~토요일 11:00~19:00, 일요일 휴무
Site www.aesop.com

돌아오는 길에 카페 이름이 인상적이라
들어가봤는데 당근 케이크가 맛있었다. 관광하다
잠시 쉬어갈 카페를 찾는다면 추천한다.

What Do You Fancy Love?
Add Linienstraße 41, 10119 Berlin
Open 월~토요일 08:00~18:00
Site whatdoyoufancylove.de

Berlin Germany   24

내가 방문한 시기가 팬데믹 이후 각국의
공항들이 움직이기 시작할 때라 연일 수화물
분실 뉴스가 역대급으로 많이 보도되었다.
우리는 직항이 아닌 경유 코스였기에 혹시
모를 사태에 대비해야 했다. 그래서 나는 꼭
필요한 물건을 고르고 골라 기내용 캐리어
하나에 꾹꾹 눌러 담았다.

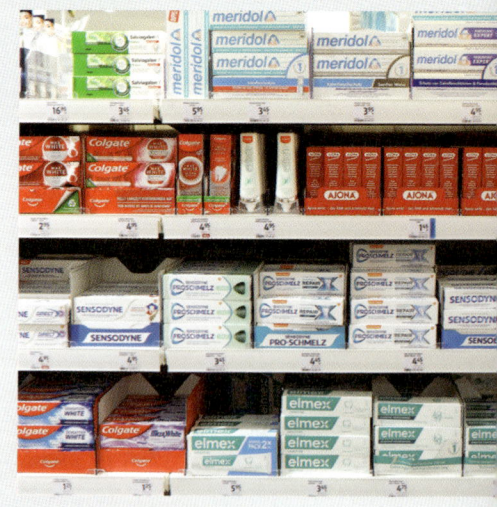

dm
dm은 전국 곳곳에 지점이 많으니 구글맵에서 가까운 곳을 검색해볼 것.
Add   Leipziger Pl. 12, 10117 Berlin
Site   www.dm.de

열 번도 더 체크한 것 같은데 몇몇 사소한 것을 빠뜨리고 왔다. 생필품을 사기 위해 독일의 올리브영쯤 되는 곳을 찾았는데, 마침 집 근처 'Mall of Berlin'이라는 대형 쇼핑센터에 'dm'이 있었다. 국내에 이미 수입된 제품도 더러 보였지만 낯선 언어가 가득한 슈퍼마켓을 구경하는 것만으로도 무척 흥미로웠다.

돌아오는 길에 맛있어 보이는 식품점을 지나치지 못하고 샐러드를 포장했다. 알고 보니 이곳은 레스토랑&케이터링 체인점으로 퀄리티 좋은 테이크아웃 식당이었다. 내가 방문한 곳의 주소를 안내하지만, 지점이 많으니 가까운 곳을 검색해보길 바란다.

Lindner
Add   Leipziger Pl. 12, 10117 Berlin
Site   www.lindner-esskultur.de

Berlin Germany   28

Day 3   29

집에서 걸어서 3분 거리에 '브라덴부르크 문Brandenburger Tor'이 있는데, 오늘은 이곳으로 밤 산책을 나갔다. 명소답게 밤에도 많은 사람으로 북적였다. 유럽의 오래된 건축물은 낮에도 멋있지만, 어둠 속에 조명으로 장식한 모습도 꽤 낭만적이다.
베를린은 테크노 음악과 클럽으로도 유명한데 산책 중에 마주친 킥보드들과 맥주병들이 한데 모여 '오늘은 어느 클럽으로 갈래?' 하고 작당하는 것처럼 보여 피식 웃었다. 모든 사람이 잠들면 영화〈토이 스토리〉의 장난감들처럼 수많은 킥보드와 맥주병이 테크노 음악에 맞춰 춤추는 모습을 잠시 상상해본다.

Brandenburger Tor
Add   Pariser Platz, 10117 Berlin

Day 4
여행 속의 여행

베를린에 머물면서 일주일에 한 번 정도는 호캉스를 가기로 했고, 오늘이 그 첫 번째 날이다. 4년 전 베를린에 짧게 있을 때 카사 캠퍼 호텔과 비키니 베를린 호텔 두 곳을 두고 고민하다 비키니 베를린에 묵었다. 그런 사연으로 오늘은 카사 캠퍼 호텔이다.
캠퍼는 우리가 알고 있는 그 신발 브랜드가 맞다. 스페인 브랜드인 캠퍼는 바르셀로나와 베를린 두 곳에서 호텔을 운영하는데, 위치도 좋지만 디자인 호텔이라 디자인을 사랑하는 사람에게는 꼭 추천하고 싶다. 또한 루프톱 라운지와 작은 짐GYM 모두 24시간 영업하고 무엇보다 라운지의 간단한 음식과 음료 서비스가 아주 훌륭하다.

아주 높지는 않지만 베를린 전경을 감상할 수 있는 루프톱 라운지에서 정말 많은 시간을 보냈다. 시내 한복판이라 나가볼까 생각했지만, 내일 체크아웃하고 짐을 맡겨두고 돌아도 충분할 테니까 호텔에서만 하루를 온전히 즐기기로 했다.

24시간 개방하는 라운지에는 와인과 맥주가 있는데, 재미있게도 '어니스트 바'로 운영된다. 지키는 사람 없이 주류 리스트와 가격이 적힌 종이와 연필만 냉장고 앞에 비치되어 있다. 맥주나 와인을 마신 사람은 정직하게 자신이 먹은 것을 기록해 옆에 있는 통에 넣어두면 직원이 종이를 수거해 가고 체크아웃할 때 비용을 지불하면 된다. 재미있는 발상이 신선했고, 바에서의 경험이 인상적이었다.

Day 4   33

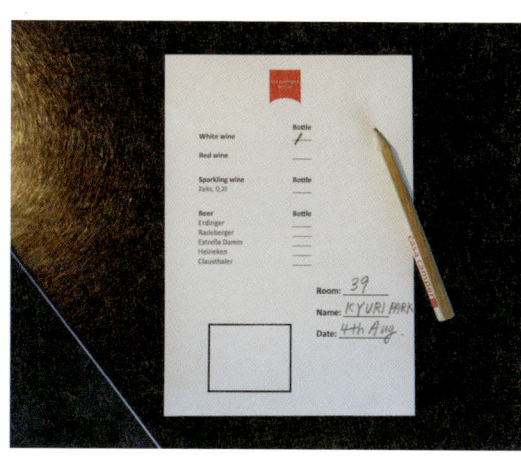

Casa Camper Hotel Berlin
Add   Weinmeisterstraße 1, 10178 Berlin
Pho   +493020003410
Site   www.casacamper.com/berlin

Berlin Germany 34

Day 4 35

카사 캠퍼 호텔 근처에 한국에서부터 가보고 싶었던 브랜드 숍이 있어 잠시 들렀다. 베를린을 기반으로 시작된 여행 가방 브랜드인 호라이즌 스튜디오Horizn Studio. 여행용 캐리어는 독일의 리모와가 유명하지만 호라이즌 스튜디오는 개인적으로 눈여겨보았던 브랜드다. 론칭한 지는 오래되지 않았지만, 군더더기 없는 깔끔한 디자인과 브랜딩 전개가 흥미롭기 때문이다.

지난번 여행 때 구입한 대형 사이즈의 캐리어가 가볍고 튼튼해서 리모와보다 훨씬 더 자주 사용했다. 사실 이번에 하나 구입할 작전(?)이었기 때문에 꾸역꾸역 기내용 캐리어 하나에 짐을 눌러 담아 온 것도 있다. 숍에 가보니 지난번 방문 때보다 시리즈가 다양해졌다. 디자인 일을 하는 사람으로서 잘하고 있구나 하는 괜한 안도감이 들었고, 다음에 왔을 때는 더욱 성장하기를 바라고 응원했다.
호라이즌 스튜디오의 캐리어에는 보조 배터리가 탑재돼 있다. 휴대할 수도 있고 캐리어에 수납공간이 마련되어 있기도 한데 여행할 때 정말 유용하다. 다양한 컬러가 신상품으로 출시됐지만 나의 선택은 어김없이 블랙이다.

Horizn Studio
Add   Alte Schönhauser Str. 33/34, 10119 Berlin
Site   www.horizn-studios.com

Berlin Germany 38

Day 5
게으름을 독려하는 호텔

24시간 오픈이라 마감 시간에 맞춰 서두르지 않아도 되는, 왠지 게으름을 독려하는 듯한 카사 캠퍼 호텔. 콘셉트답게 조식 시간도 다른 호텔에 비해 긴 편이다. 덕분에 너무 이르지 않은 시간에도 여유 있게 조식을 가장한 브런치를 먹을 수 있었다. 호텔 1층에 있는 카페 카멜레온에서 식사할 수 있는데, 자리에 앉아서 메뉴를 주문하는 방식이다. 요거트 볼은 어느 곳이나 맛있지만, 이곳의 요거트 볼은 두 그릇이나 먹고 싶을 만큼 맛있다.

Berlin Germany   40

서울로 치면 가로수길쯤 될까. 미테는 익숙한 브랜드와 로컬 브랜드 숍이 모여 있는 곳이다. 베를린이라는 도시가 현대미술로 주목받고 있지만, 그렇다고 뉴욕이나 파리처럼 세련되거나 아기자기한 느낌은 아닌데 이 지역은 베를린에서 가장 독일스럽지 않은 곳이지 않을까 하는 생각이 들었다. 그렇게 나름의 세련됨과 사랑스러움이 스며 있는 동네다.

Diptyque Boutique Mitte
Add   Neue Schönhauser Str. 19, 10178 Berlin
Open   월~토요일 11:00~20:00, 일요일 휴무

또 하나, 나중에 깨달은 사실이지만 이 동네는
꽤 깨끗한 편이었다. 꼭 가봐야 할 곳이 있는데,
바로 딥디크 매장이다. 매장 규모가 그리 큰 편은
아니지만, 이곳은 디스플레이가 아주 훌륭하다.
제품을 구입할 목적이 아니더라도 방문해보길
추천한다.

배가 고프지는 않았지만, 카페인이 부족하다고 느껴질 즈음 눈앞에 더반 카페가 보였다. 얼른 들어가 에스프레소 한잔을 주문했다.

THE BARN Hackescher Markt Café
Add   Neue Schönhauser Str. 12, 10178 Berlin
Open   월~토요일 10:00~18:00, 일요일 12:00~18:00

첫 번째 금요일이나 첫 번째 주말처럼 '첫 번째'라는 것에 특별한 의미를 부여하는 편이다. 오늘은 베를린에서 맞이하는 '첫' 번째 금요일인데 월요일도, 화요일도, 수요일도 매일매일 금요일 같고 주말 같은 나날을 보내고 있음에도 금요일에는 나의 열정을 불태우고 싶다. 그런데 정말 황당하고도 웃기는 게 아주 편안한 호텔 침대와 침구에서 하룻밤 보냈음에도 외박은 외박인지 피곤이 밀려왔다. 집에(에어비앤비) 도착했을 때 '드디어 집이다!' 하는 말이 불쑥 튀어나와 혼자 피식 웃었다.
나는 집에서 잠시 휴식을 취하다가 도저히 아쉬워서 가만히 있을 수 없었고, 벌떡 일어나 프리드리히샤인으로 향했다.

프리드리히샤인은 오늘 처음 가보는 곳으로 서울로 치면 홍대쯤 되는 지역이다. 좀 더 레어한 젊음과 터프한 분위기가 이곳의 매력이다. 베를린은 절대 가늠할 수 없는 날씨로 무척 유명한데, 이곳에 도착한 직후 갑자기 먹구름이 몰려왔다. 동네 분위기도 좀 거친 느낌이 있는데 저 멀리 짙은 먹구름이 빠르게 몰려오는 광경을 보니 엄청난 재난이 곧 닥칠 것 같은 조금 공포스러운 기분이 들었다.

Day 5   47

이스트사이드 갤러리가 있는 곳이라 화창한 날 다시 와야겠다고 마음먹고 다시 집으로 가는 우버를 불렀다. 아쉬웠지만 한편으로는 '베를린에 왔다'는 걸 실감했다. 내가 영화나 작품을 통해 느꼈던 베를린이라는 도시의 분위기, 색깔은 사실 이러했으니까. 어둡고 우울하고 서늘고 차가운 톤의 회색. 하지만 그 암울함에서부터 아름다움이 존재하는 도시.

나는 안전한 자동차 안에서 영화를 감상하듯, 작품을 바라보듯 베를린이 펼쳐내는 풍경을 관람자의 시점에서 감상했다.

East Side Gallery
Add   Mühlenstraße 3-100, 10243 Berlin
Open 00:00~24:00

Berlin Germany   48

Day 6
첫 주말, 콜비츠 플리마켓

엊저녁만 해도 어두웠던 하늘이 언제 그랬냐는 듯 청명한 아침이다. 베를린에서 맞이하는 첫 주말, 베를린은 곳곳에서 열리는 플리마켓이 유명한데 오늘은 마켓을 다녀보기로 했다. 집에서 멀지 않은 콜비츠라는 동네에서 매주 목요일, 토요일에 열리는 마켓이 있어 오늘은 그곳으로 향했다.
이렇게 사랑스러운 동네라니! 마켓의 규모는 크지 않았지만, 동네 자체가 깔끔하고 사랑스러워 산책하기에도 더없이 좋겠구나 싶었다. 빈티지 소품보다는 식료품 위주의 마켓으로 관광객보다는 현지인들이 유모차나 장바구니를 들고 장을 보러 나와 북적였지만 편안하게 느껴졌다. 거리를 구석구석 나니다 보면 예쁜 소품 가게나 빈티지 의류 숍, 빈티지 가구나 조명을 파는 상점도 볼 수 있다.

Berlin Germany 52

Kollwitz Markt
Add Kollwitzstraße 64-68, 10435 Berlin
Open 목요일 12:00~19:00, 토요일 09:00~16:00

Day 6   53

베를린은 한여름에도 아침저녁으로 선선하거나 조금 쌀쌀하다 싶은 날이 많다. 하늘은 맑지만 바람이 쌀쌀한 아침이다. 하지만 테라스에서의 식사를 포기할 수 없는 하늘이다. 아침 식사로 따끈한 토마토 수프를 주문했다.

테라스에 앉아서 아침 식사를 하는데 옆 가게에 혼자 앉아 커피를 마시는 할머니가 눈에 띄었다. 백발의 할머니는 주말의 햇살을 한껏 받으며 노트북으로 무언가를 열심히 하다 커피를 마시고, 작업하다 커피를 마시곤 했다. 백발 할머니와 빨강 안경테 그리고 맥북과 커피라니, 내가 상상하던 멋쟁이 할머니의 모습이다. 너무나 귀여워.

예전에 유럽 여행을 하면 종이책을 읽는 사람을 많이 봤다. 버스나 지하철은 당연하고 공원 벤치나 카페 등 하물며 길가 나무 그늘 아래에서도 말이다. 그런데 요즘은 확실히 예전만큼 종이책을 읽는 사람이 눈에 띄지 않는다. 유럽에서도 휴대폰을 들여다보는 사람이 훨씬 많았다. 토요일 아침(한여름 아침이지만 패딩을 입은 여자의 모습에서도 알 수 있듯 베를린 날씨는 도무지 종잡을 수 없다)에 반가운 모습을 봤다. 종이책을 읽는 사람들.
나는 여행할 때마다 종이책을 한두 권 챙기는 편이지만, 이번에는 짐을 최대한 줄여야 하는 수화물 문제도 있어 아이패드 e-book으로 대신했다. 그런데 가벼운 책 한 권 가져올걸 하는 아쉬움이 남았다.

베를린은 내가 가본 곳 중에 혼자 여행하기 정말 좋은 도시다. 물론 삼삼오오 둘러앉아 다정한 시간을 보내는 사람도 많지만, 베를린에는 유난히 혼자 식사하거나 커피를 마시는 사람이 많다. 기분 탓인지 모르겠지만 함께 있는 사람도, 혼자 있는 사람도 자기들 시선 밖으로는 별다른 관심이 없어 보인다. 자신의 시선 안에서 하는 무언가에 굉장히 집중하는 모습이다.

Berlin Germany   58

특히 웬만한 카페는 도서관 같은 분위기로 노트북이나 아이패드로 무언가를 하는 사람이 정말 많다. 파리로 이동해서도 다시 한번 느꼈지만, 베를린이 유독 그런 사람이 많긴 하다. 늦은 시간 술집에서도 혼자 맥주를 마시며 책을 보는 사람을 종종 볼 수 있으니까. 홀로 여행할 때도 베를린에서는 외로움보다는 자유롭고 홀가분함을 느낀다.

Berlin Germany 60

식료품을 주로 파는 콜비츠 마켓 길목이 끝날 즈음 알록달록한 일러스트 작품을 판매하는 작은 부스가 있었다. 사랑스러운 컬러감에 비해 조금 야릇하거나 노골적인 일러스트가 반전의 매력을 풍겼다. 특히 빈티지 그릇에 프린트된 일러스트 작업에 관심이 생겨 하나 구입할까 싶어 말을 걸었다. 부스에 있던 여자한테 "이거 네가 그린 거니?"라고 물었더니 남편 작품이라고 했다. 마침 남편이 옆에 있어 위트 있는 작품이 참 매력적이고 흥미롭다고 말했다.

동양인인 내게 어디에서 왔는지 묻기에 한국에서 왔다고 했더니, 올가을 한국에서 전시가 잡혀 있다고 했다. 곧바로 인스타그램 아이디를 주고받고 보니 서울에서 꽤 힙한 공간에서의 전시를 앞두고 있었고, 노만코펜하겐 등 다양한 브랜드와도 협업하는 러시안 아티스트였다. 한참 서로의 작업에 대해 이야기꽃을 피우다 불쑥 작업실로 초대받았다. 그렇게 친구가 생겼다.

우연히 새 친구가 생겼다는 사실이 기뻤다. 여행지에서 친구가 생긴다는 건 설레고 흥분되는 이벤트가 분명하니까. 토요일 밤이기도 하고 기분도 좋고 밖에서 술 한잔하기로 했다. 토요일 밤은 어딜 가나 북적인다. 가고 싶었던 카페 겸 식당이 있었는데 북적거리는 사람들 틈에서 간신히 끼어 앉을 수 있었다.
사람들은 주로 파스타를 먹고 있었지만, 우리는 식사를 하고 와서 간단한 샐러드와 초코케이크를 주문했다. 같은 테이블에 앉은 20대로 보이는 여자들한테 몇 가지 궁금했던 것을 물어보기도 하고 자연스럽게 이야기를 나누며 와인잔을 비워 나갔다. 조금 취했고 즐거운 Beautiful mess한 토요일 밤이었다.

Mädchenitaliener
Add   Alte Schönhauser Str. 12, 10119 Berlin
Open 월요일~토요일 12:00~20:00, 일요일 휴무
Site www.maedchenitaliener.de

Day 7
마우어파크 플리마켓

어제 다녀온 콜비츠 마켓이 식료품 위주였다면 오늘은 장식품, 소품, 의류 등 다양한 빈티지 물건을 판매하는 마우어파크Mauerpark 플리마켓에 가보기로 했다. 마우어파크는 제법 큰 규모의 공원이다. 마우어 Mauer는 '장벽'을 뜻하는데, 과거 동독과 서독으로 분단되었던 시절 장벽이 있었던 곳이다. 그런데 지금은 공원이라니. 더욱이 그곳에서 열리는 플리마켓이라니 기대가 컸다.

마우어파크 플리마켓은 베를린 플리마켓을 검색하면 쉽게 정보를 찾을 수 있을 만큼 꽤 유명하다. 개인적인 취향으로는 일단 사람이 너무 많고 규모는 크지만 물건이 생각보다 흥미롭지 않았다. 간혹 눈에 띄는 빈티지 그릇이 있었지만, 베를린에는 힙한 빈티지 숍이 많아 이곳에서 아무것도 사지 않은 것이 다행이라는 것을 나중에 깨달았다.

Berlin Germany   66

Mauerpark Flea Market
Add   Eberswalder Str.,13355 Berlin
Open 일요일 09:00~18:00

관광 명소인 마우어파크 플리마켓은 큰 기대를 하기보다 피크닉 가는 마음으로 왔으면 좋았을 텐데, 생각했다. 푸드 트럭이 있지만 웨이팅이 너무 길었다. 그래서 우리는 근처 식당에서 식사했는데 그곳도 사람들로 북적이기는 마찬가지였다. 하지만 한 번쯤 방문해보기를 추천한다. 단, 도시락과 돗자리를 챙겨 피크닉을 즐길 것! 히피처럼.

Berlin Germany 68

아직은 이 도시를 걷는 모든 순간이 낯설고 흥미롭다. 별다를 거 없는 동네라도 마냥 즐겁기만 하다. 마우어파크에서 집까지는 걸어서 40분 정도 걸리는데 이곳에서 큰 소득이 없었던 터라 집까지 천천히 걸어가기로 했다. 혹시 모를 일이다. 선물처럼 나를 즐겁게 만드는 광경이나 장소가 눈에 띄게 될지.
구글맵을 켜고 주소를 찍으면 집까지 가는 몇 가지 경로를 알려주는데 가장 낯선 길을 택했다. 내게 필요한 건 최적화된 길이 아니라 새로운 경험이니까. 그렇게 걷다 보니 어마어마한 건물 외벽에 그려진 다양한 그래피티가 등장했다. 베를린은 뉴욕 못지않은 그래피티의 도시라 할 수 있는데, 낙서를 넘어 하나하나 걸작인 그래피티 작품이 눈앞에 펼쳐졌다.
걷다 보면 이렇게 굳이 찾지 않아도 멋진 장면을 마주하기도 한다. 그리고 그런 행운은 일부러 찾아갔을 때와는 다른 희열과 감탄으로 다가온다. 카메라 앵글에도 담기지 않을 만큼 거대한 작업물들을 잠시 감상하고 또다시 걷는다.

Berlin Germany 70

Berlin Germany 72

Berlin Germany 74

조금 지칠 즈음 바이크 렌털 숍이 눈에 들어왔다. 베를린은 대부분 평지이기도 하고 자전거도로가 워낙 잘 조성되어 있어 자전거를 타기에 코펜하겐 다음으로 좋은 도시일 것이다. 구글맵의 자전거 내비게이션도 훌륭한 편이고, 우버나 볼트 앱으로 길가의 전기자전거도 쉽게 빌릴 수 있다.
장담하건대 베를린에서 장기간 머문다면 자전거를 타고 싶을 것이다(아마 타투도 하고 싶겠지만).
그렇게 자전거를 빌려 구글맵 자전거 내비게이션에 집주소를 찍고 출발했다. 감탄이 절로 나오는 순간이었다. 조금 지쳤던 몸이 바람을 맞자 다시 생기가 돌았다. '자유롭다'는 건 이런 게 아닐까.

Urban Bike Tours
Add   Urban Bike Tours, Kastanienallee 55, 10119 Berlin
Open 월~일요일 10:00~18:00
Site urban-bike-tours.com

길가의 자전거나 전동 킥보드를 빌릴 수 있는 앱
- 우버Uber
- 볼트Bolt
* 우버와 볼트는 자동차를 부르는 앱으로 유명하지만 베를린에서는 자전거와 킥보드도 이 앱을 통해 대여할 수 있다.

Day 8
오늘부터 제대로 현지인처럼

나는 월요일을 사랑한다. 작심삼일로 끝나버린 나의 어떤 다짐들이 새로운 '시작'을 하기 때문이다. 베를린에서 보낸 지난 일주일이 한 달을 보내기 위한 탐색전이었다면 이제 비로소 본격적인 '생활'을 해보려고 한다. 베를린은 커리부어크(소시지)나 슈바이학센(독일의 족발 같은 음식)을 빼면 영국 다음으로 특별한 음식이 없는 나라처럼 느껴졌고 오늘은 익숙하면서도 쉽게 구할 수 있는 재료로 '연어 오픈 샌드위치'를 만들기로 했다. 그리고 지난번에 린드너Lindner에서 맛본 '셀러리 사과 파인애플 샐러드'도 만들려고 한다.
아침 일찍 마트에 가서 양손 가득 식료품을 사서 정리를 마치고 간단한 요리를 시작했다.

연어 오픈 샌드위치 만들기
(1) 슬라이스한 호밀빵 위에 홀그레인 머스터드를 바른다.
(2) 그 위에 루콜라, 시금치, 어린잎 등 잎채소를 올린다.
(3) 슬라이스한 아보카도, 약간의 양파, 훈제 연어를 차례로 올린다.
(4) 레몬즙과 후추를 뿌린다.

셀러리 사과 파인애플 샐러드 만들기
샌드위치에 곁들이기 더없이 만족스러웠던 샐러드다.
(1) 셀러리, 사과, 파인애플을 작게 썬다.
(2) 양파는 다진다.
(3) 준비한 재료를 볼에 넣고 섞는다.
(4) 시판 레모네이드를 드레싱으로 뿌리고 잘 섞는다.

어제는 자전거를 처음 렌트하는 거라 혹시 하는 마음에 24시간만 빌렸다. 덜컥 일주일, 열흘간 빌렸다 불편하거나 문제가 있을 수도 있기 때문이다. 어제, 오늘 자전거를 이용해보니 썩 괜찮았고, 종잡을 수 없는 베를린 날씨를 감안해 일주일만 더 연장하기로 했다.
그런데 길을 가다 즉흥적으로 들리는 바람에 명함 챙기는 걸 깜빡했다. 바이크 숍 이름이 생각나지 않아 애써 기억을 더듬어보니 버킷 리스트에 있었던 숍 '멜팅 포인트Melting Point' 바로 옆집이었다. 그곳의 주소를 자전거 내비게이션에 찍고 출발했다. 하루 렌트할 때는 몰랐는데 일주일간 렌트하니 왠지 든든한 기분이다. 근처에 가보고 싶었던 빈티지 레코드 숍과 빈티지 가구점이 있어 바이크 숍에 자전거를 잠깐 맡겨두고 이 동네에서 오후를 보내기로 했다.

빈티지 가구점 '체어스Chairs'. 이름처럼 의자를 주로 취급하는 곳으로 바닥부터 벽까지 온갖 종류의 의자가 가득했다. 한국까지 배송도 가능했지만, 유로 환율이 최고치라 국내에서 사는 가격과 별반 차이가 없거나 오히려 비쌀 수도 있어 그냥 나왔다. 하지만 즐거운 아이쇼핑이었다.

Day 8   81

Chairs
Add   Fehrbelliner Str. 25, 10119 Berlin
Open   월·화·목·금요일 12:00~19:00, 토요일
           12:00~18:00, 일·수요일 휴무
Pho   +493044355723
Site   www.shop.chairs-design.com

Berlin Germany   82

빈티지 레코드 숍 멜팅 포인트는 베를린을 소개하는 감각적인 매거진에 자주 등장하는 곳이다. 어제 자전거를 빌리면서 우연히 옆집인 걸 알게 되어 무척 반가웠다. 가보고 싶은 곳, 리스트에 있는 곳을 우연히 발견했으니 말이다. 빈티지 LP판부터 새것도 있었다. 사실 나는 턴테이블이 없기 때문에 LP판은 들을 수 없다. 그렇지만 내가 레코드 숍을 사랑하는 이유는 정사각 LP판 커버의 다양한 사진이나 그래픽 디자인을 구경하는 것이 갤러리에서 작품을 감상하는 것 못지않게 재미있기 때문이다. 다만 너무 신난 나머지 주인한테 촬영해도 되는지 물어보지 않고 셔터를 눌렀다 제재를 당했다. 실내 촬영은 안 된다고 해서 아쉬웠지만 한참 동안 머물면서 두 눈에 꾹꾹 담았다.

Melting Point Record Store
Add　　Kastanienallee 55, 10119 Berlin
Open　 월~토요일 12:00~20:00, 일요일 휴무
◦ 멜팅 포인트는 사진 촬영이 불가하니 참고할 것

Berlin Germany 84

이곳은 길을 걷다 우연히 들렀는데 멜팅 포인트에서 멀지 않다. 레코드판이 주를 이루지만 오래된 책도 조금 있었다.

Franz&Josef
Add Kastanienallee 48, 10119 Berlin
Open 월~토요일 13:00~20:00, 일요일 휴무

유럽 여행을 하면서 나를 가장 힘들게 하는 것은 바로 음식이다. 그나마 20대 때는 지금보다 양식을 오래 먹어도 괜찮았던 것 같은데 이번 여행은 점점 힘들어진다. 샐러드나 빵, 소시지 같은 음식을 일주일간 연속으로 먹었더니 한식이 그리웠다. 한식을 먹을 곳이 마땅치 않다면 일식, 그다음은 태국이나 인도 요리, 멕시칸 순으로 선호하는 편이다.
근처에 인도 요리 식당이 있어 구글로 식당 정보를 찾아보았다. 평점이 높지 않아 들어갈까 말까 고민하면서 테라스에 앉아 사람들이 먹고 있는 음식을 기웃거렸다. 지나가던 몇몇 사람이 테라스 테이블에 앉아 식사하는 사람들과 인사를 나눴다. 어떤 사람들은 지나가면서 인사를 하고, 테이블에 앉아 한참 동안 이야기를 나누기도 했다. 찾아오는 식당이 아니라 이 동네 사람들이 슬리퍼를 끌고 나와 먹는 동네 식당 같은 분위기였다.

사람들이 먹고 있는 음식도 꽤 담백해 보였다. 이곳이 로컬 맛집이라는 확신을 갖고 테라스에 자리 잡은 다음 매콤해 보이는 스튜 같은 음식과 난을 주문했다. 메뉴는 대만족! 일주일 만에 먹어본 매콤한 음식과 난의 담백함은 기꺼이 감사한 맛이었다. 여행하면서 한식은 그리운데 마땅히 갈 만한 한식당을 찾기 어렵다면 인도 음식점을 추천한다.

W The Imbiss
Add   Kastanienallee 49, 10119 Berlin
Open 월~일요일 12:00~20:00

Berlin Germany   88

Day 9
신국립미술관과 숨은 갤러리들

이제 갤러리 투어를 시작해볼까. 베를린의 현대미술은 현재 세계적으로 가장 주목받고 있다. 맛있는 음식을 아껴두었다 맛보는 성격 때문일까. 사실 나는 베를린에서 미술관이 가장 기대되었고, 베를린에 도착하자마자 모든 갤러리를 섭렵하고 싶었다. 하지만 일주일을 묵혀두었고, 마침내 오늘이 그 시작의 날이다.

'Less is More'라는 건축 철학으로 유명한 미스 반 데어 로에Mies van der Rohe가 설계한 신국립미술관은 유리와 철재로만 이뤄져 자칫 첫인상은 차가울 수 있지만, 그의 건축 철학을 알고 나면 극도의 단순함이 특별한 기교 없이도 얼마나 압도적인지 알 수 있다.

피카소, 뭉크, 칸딘스키, 호안 미로 등 입체파, 표현주의, 초현실주의 작품도 좋았지만, 미술관 곳곳에 미스 반 데어 로에가 디자인한 바르셀로나 체어와 스툴이 관람객을 맞이했다. 언젠가 우리 집에도 바르셀로나 체어를 들이고 싶다는 소망이 있다.

Berlin Germany   92

Neue Nationalgalerie
Add   Potsdamer Str. 50, 10785 Berlin
Open 화~일요일 10:00~18:00, 월요일 휴무(입장료 있음)
Site www.smb.museum/museen-einrichtungen/
      neue-nationalgalerie/home

숨은 갤러리들
신국립미술관에서 나오면 강변이 보인다. 3분만 걸어가면 강변을 끼고 숨은 갤러리가 여럿 있는데 간판이 크지 않은 데다 어떤 곳은 벨을 누르고 거대한 문이 열려야만 들어갈 수 있어 찾기가 쉽지 않다. 이곳이 맞나 반신반의하며 들어선 커다란 문과 좁은 계단 위에는 전혀 예상하지 못한 전시가 진행 중이었다. 그중 한 곳에서 우리나라 현대미술가 양혜규 작가의 전시가 한창이었는데 얼마나 반가웠는지 모른다.

Berlin Germany

수준 높은 현대미술을 관람할 수 있는 갤러리

1) Verein Berliner Künstler
Add   Schöneberger Ufer 57, 10785 Berlin
Open 화~일요일 15:00~19:00, 월요일 휴무

2) Galerie Isabella Bortolozzi
Add   Schöneberger Ufer 61, 10785 Berlin
Open 화~토요일 12:00~18:00, 일 · 월요일 휴무
Site www.bortolozzi.com

3) Barbara Wien
- **Add** Schöneberger Ufer 65, 10785 Berlin
- **Open** 화~금요일 11:00~18:00, 토요일 11:00~16:00, 일·월요일 휴무
- **Site** www.barbarawien.de

4) SETAREH Berlin
- **Add** Schöneberger Ufer 71, 10785 Berlin
- **Open** 화~토요일 10:00~18:00, 일·월요일 휴무
- **Site** www.setareh.com

Day 10
베를린 현대미술 비엔날레

어제 갤러리에서 전시를 보고 오자 마음이 급해졌다. 간단히 아침 식사를 챙겨 먹고 서둘러 집을 나왔다. 올해는 4년에 한 번씩 열리는 베를린 현대미술 비엔날레가 열린다. 코로나19로 인해 나의 베를린 일정이 3년 미뤄졌는데 3년 전에 이곳에 왔다면 비엔날레를 보지 못했을 것이다. 일정이 미뤄지는 바람에 귀한 선물을 받은 것이다. 좋지 않은 일의 이면에는 좋은 일이 있고, 좋은 일의 이면에는 좋지 않은 일이 있는 법. 그것은 진리다.

비엔날레는 총 여섯 곳에서 열리는데 그중 대표적인 KW Institute for Contemporary Art를 방문하기로 했다. KW는 비엔날레 기간이 아니라도 베를린의 현대미술 전시로 무척 유명한 곳이다.

Berlin Germany 100

Day 10 101

KW Institute for Contemporary Art
Add   Auguststraße 69, 10117 Berlin
Site   www.kw-berlin.de

Berlin Germany 104

KW가 있는
아우구스츠트라세Auguststrasse 골목에는
작은 갤러리와 재미있는 상점이 즐비하므로
꼭 방문해보기를 추천한다.

Day 10 107

아트&디자인 서적의 큐레이션으로 유명한 'Do You Read Me?' 서점도 바로 근처에 있다.
나는 가장 먼저 백팩에 노트북을 챙겼다. 전시를 보면 분명 무언가 기록하고 싶어진다는 것을
알기 때문에. 자전거를 주차하고 'Do You Read Me?'부터 투어를 시작했다. 표지만으로도
설레게 하는 아트&디자인 책이 가득하다. 사람들로 북적거리는 작은 서점이지만 그
틈바구니에서 책에 심취한 사람들을 보는 것도 흥미롭다.
베를린을 소개하는 노란색 표지의 책을 구입하고, 여기저기 골목의 작은 갤러리를 들락거렸다.
그리고 오늘의 목적지인 KW에 도착해 비엔날레를 전체 관람할 수 있는 통합 티켓을 구입했다.
어제 전시를 보면서도 느꼈지만, 베를린의 현대미술은 설치미술이 상당히 많고 사회적인
주제를 다루는 작품이 많다. 사회주의 체제였던 과거 역사의 영향일까. 조금은 낯설고 어려운
전시였지만 진지한 태도로 관람을 마치고 KW 정원에 있는 브라보 카페에 자리를 잡았다.

Do you Read Me?
Add   Auguststraße 28, 10117 Berlin
Open 월~토요일 11:00~19:00, 일요일 휴무
Site www.doyoureadme.de

베를린 건물은 대부분 중정이 있는데 이를 회페Höfe라 부른다. KW의 중정에 자리한 브라보 카페는 우거진 정원의 나무들 사이로 햇살이 쏟아지고, 어른거리는 그림자들이 만들어내는 작품 같은 모습이 보기만 해도 시원하고 아름답다. 에어팟으로 음악까지 선곡해 듣는다면 한 편의 드라마나 영화가 따로 없을 정도다. 무겁지만 노트북을 가져오길 잘했다는 생각이 들었다. 인상 깊은 감동이 잊혀지기 전에 메모해두고 날씨와 기분을 기록하고 서점에서 구입한 책을 들춰보며 여유로운 오후를 보냈다. 문득 내가 지금 이곳에 있다는 사실에 감사했다.

Café Bravo
Add   Auguststraße 69, 10117 Berlin
Open 일 · 월 · 수요일 11:00~18:00, 목 · 금 · 토요일 11:00~21:00, 화요일 휴무
Site www.cafe-bravo.de

Day 11
운명의 안경을 찾아서

여행을 시작한 지 열흘이 지났을 무렵, 아직 여유가 있다는 생각 때문이기도 하고 워낙 구체적인 계획을 세우지 않는 편이기도 해서 무계획이 계획인 목요일을 맞았다.
베를린에 오면 꼭 구입하고 싶은 물건 중 하나가 안경이었다. '마이키타Mykita'는 독일 하우스 브랜드로 국내에서도 안경 마니아 사이에서는 유명한 브랜드다.
마이키타 안경은 나사와 용접 없이 하나의 스틸 판을 레이저 커팅해서 제작하는 기술력이 자랑이다. 시력이 나빠서 반드시 안경을 써야 하는 건 아니지만 PC를 사용하거나 책을 볼 때는 종종 안경을 쓴다. 이왕이면 좋은 안경을 장만해 오래도록 쓰고 싶다.
특별한 계획이 없는 오늘은 마이키타에 가보기로 했다.

Berlin Germany

규모가 크지는 않지만, 스틸을 사용하는 브랜드다운 실내 디자인이 인상적이었다. 안경을 구경하는 재미와 더불어 브랜드 고유의 정체성이 느껴지는 인테리어 디자인이나 디스플레이를 구경하는 재미가 쏠쏠했다. 아쉽게도 내가 찾는 디자인의 안경이 재고가 없어 이메일 주소를 남겨두고 나왔다. 2주 내로 입고된다고 했는데 내겐 그 이상의 시간이 남아 있으니까.

Mykita Shop Berlin Mitte
Add　Rosa-Luxemburg-Straße 6, 10178 Berlin
Open　월~토요일 11:00~18:00, 일요일 휴무

점심 식사를 하러 베트남 음식점에 갔다. 이 거리에서 가장 붐비는 음식점이기도 한데 한식당 '얌얌Yam Yam'과 유명한 '시소버거' 레스토랑 건너편에 있다. 유럽에서 아시아 음식이 인기라고 하는데 세 곳 모두 아시아 음식점이고 정말로 사람들로 연일 북적인다. 점심과 저녁 피크 타임에는 대기줄이 항상 길다. 다행히 점심 피크 타임 전에 도착해 기다리지 않고 식사할 수 있었다. 베를린에서 먹는 완탕면과 망고 셰이크란!

Monsieur Vuong
Add Alte Schönhauser Str. 46, 10119 Berlin
Open 월~일요일 12:00~22:00

Day 11 117

Berlin Germany   118

활짝 열린 문 사이로 노란색 책상 다리가 시선을 끌었다. 이런저런 책들이 있는 걸 보니 서점인 것 같아서 들어갔다. 낯선 독일어라 정확한 큐레이션을 파악하기 어려웠지만, 서점 분위기와 몇 가지 단서로 유추해볼 때 예술 분야의 책이 많아 보였다. 안쪽으로는 분홍색 커튼이 드리워진 작은 공간이 있고, 커피 머신이 있었다.
커피를 한잔 마실까 싶어 물어봤는데 오픈한 지 며칠 되지 않아 아직 커피는 주문을 받을 수 없다고. 서점이라기보다는 개인 서재 같은 규모와 분위기라서 커피 한잔하고 싶었는데 아쉬웠다. "다음에 다시 올게요." 하는 인사를 하고 나왔다.

about_bookshop
Add   Linienstraße 114, 10115 Berlin
Open 월~토요일 11:00~19:00, 일요일 휴무

유리문에 쓰여 있는 'Slow Fashion'이란
문구를 보고 들어갔다. 옷과 가방을 중심으로
다양한 소품이 진열되어 있었다. 천천히
둘러보고 있는데 주인으로 보이는 남자가
말을 걸었다. 아내가 디자인한 가방에 대해
신이 나서 설명해주었다. 코카콜라 병이나
버려진 유리병으로 만든 다양한 꽃병과 직접
구웠다는 도자 머그에 대해서도 진지하게
설명해주었다.

Zamt Berlin
Add Tucholskystraße 48, 10117 Berlin
Open 월~토요일 11:00~19:00, 일요일 휴무
Site zamtprojects.com

발랄한 주인은 며칠 후 이곳에서 파티가 있을 거라며 놀러 오라고 했다. 그는 와인을 권하기도 하고, 내가 장기 여행자라고 말하니 근교 여행지를 몇 군데 알려주며 구글맵에 찍어주었다. 나올 때 보니 내 손에는 머그와 유리 꽃병이 몇 개 들려 있었다. 계획에 없었던 물건을 구입하고 나온 내가 좀 웃겼다. 발랄한 주인에게 발랄한 영업을 당한 것이 맞다.

아시만 뉴쾌한 수다 시간을 즐겼으니 기분 좋게 생각하기로 했다. 또 그곳에서 구입한 버건디 컬러의 머그는 여행하는 내내도 잘 썼지만 한국에 돌아와서도 아주 잘 사용하고 있다.

Day 12
오늘도 날씨가 파랗다

독일은 날씨가 혹독하기로 유명하다. 추위보다는 더위가 참을 만한 나는 8월 한여름 더위를 각오하고 베를린에 왔다. 다시 말하지만 습하지 않은 유럽의 한여름을 개인적으로는 사랑해 마지않는다. 단단해 보이는 직선의 건물들 사이로 창가의 화단과 나무들이 그려내는 그림자는 요즘 매일 보는 장면이지만 무척 아름답다. 그저 감사할 일이다.
'부 스토어Voo Store'는 베를린에서 가장 유명한 편집숍일 것이다. 구글맵을 찍어보니 집에서 부 스토어까지 걸어서 40분 정도 걸린다고 나왔다. 날씨도 예쁘고 오늘도 새로운 발견을 기대하며 걸어가기로 했다.

만나게 될 줄 알았어! 부 스토어로 가는 도중 '빈티지 리빙Vintage Living'이라는 그야말로 빈티지 가구와 소품을 판매하는 숍을 발견했다. 이런 행운이야말로 걸어 다니는 자한테만 주어지는 선물일 것이다. 베를린에는 의류나 가구, 소품을 판매하는 빈티지 숍이 무척 많은 편이다. 많은 숍이 그야말로 빈티지한 분위기인데 오늘 발견한 빈티지 리빙숍은 1910~80년대 빈티지 제품을 잘 손봐서 내놓기 때문에 들어서는 순간 황홀했다.
오래된 가구나 조명에 사용된 나무나 스틸, 플라스틱 소재와 작동 방식에서 느껴지는 정교함에 감탄이 나왔다. 시간의 더께가 입혀져 더욱 깊어진 색상도…. 빈티지 가구에 열광하는 사람이라면 방문했을 때 후회하지 않을 것이다.

Vintage Living
Add Oranienstraße 169, 10999 Berlin
Open 월~토요일 11:00~19:00, 일요일 휴무
Site www.vintageliving.de/kontakt

마침내 부 스토어에 들어서자 "역시는 역시다."라는 말이 절로 나왔다. 열흘 성노 베를린에 머물면서 솜 의아했던 게 예술과 더불어 패션도 베를린이 대세라고 하는데 과연 맞는 말인지 의구심이 들었다. 배낭을 메고 트레이닝복, 운동화 차림이거나 버켄스탁을 신은 사람이 대부분이었고 번화가에서도 좀처럼 멋쟁이를 볼 수 없었다.

그런데 멋쟁이란 멋쟁이는 모두 여기에 모였는지, 공간도 음악도 사람도 모두 그야말로 '힙'했다. 패션 아이템뿐만 아니라 아트&디자인 서적이 진열되어 있었고, 한쪽 선반에서는 식료품도 판매하고 있었다. 어떤 남자가 식료품 선반 앞에서 한참 동안 물건을 고르고 있었는데, 트레이닝복 차림이었지만 멋쟁이 같은 분위기를 풍겼다. 부 스토어에 있는 작은 카페 부 델리Voo Deli에서 아이스커피를 마셨다.

Voo Store
Add   Oranienstraße 24, 10999 Berlin
Open 월~토요일 11:00~19:00, 일요일 휴무
Site www.vooberlin.com/store

부 스토어에서 멀지 않은 곳에 '마르크탈레 노인Markthalle Neun'이 있다. 이름처럼 커다란 홀에 차린 마켓이다. 이곳에서는 식료품 위주로 꽃이나 생활용품을 판매한다. 간단히 장을 보거나 갖가지 먹음직스러운 음식을 식사하기에도 좋다. 식사를 마치고 정문 바로 건너편에 있는 귀여운 숍에 들렀다. 다양한 모양에 달콤한 컬러를 입은 도자 화병들에 눈길이 머물렀다.

Markthalle Neun

Add   Eisenbahnstraße 42/43, 10997 Berlin
Open   월 · 화 · 수 · 금요일 12:00~18:00, 목요일 12:00~22:00, 토요일 10:00~18:00, 일요일 휴무
Site   www.markthalleneun.de

Willa Berlin
Add   Eisenbahnstraße 6, 10997 Berlin
Open   목~토요일 11:00~18:00, 일 · 월 · 화 · 수요일 휴무

Day 13
독립 출판물의 천국

베를린은 예술 분야에서 주목받는 도시인 만큼 유럽의 많은 예술가가 모여든다. 독립 출판물도 예외는 아니다. 2008년 문을 연 '모토Motto'는 실험적이고 재미있는 독립 출판물을 소개하고 판매하는 서점이다. 며칠 전 다녀온 'Do You Read Me?' 서점이 디자이너 느낌에 가깝다면 모토는 좀 더 예술가적인 면모가 돋보인다고 할까.
베를린의 많은 장소가 그렇듯 입구의 간판이 크지 않았고 역시나 중정 건물 안쪽으로 찾아 들어가야 했다. 큰 규모는 아니지만 책장에 빼곡한 실험정신 가득한 출판물을 마주하는 순간 흥분을 감출 수 없었다. 한 권 한 권 모든 책이 예술품이라 해도 손색없을 만큼 눈이 즐거웠다.

Berlin Germany   136

이곳에 대한 정보를 찾아보니 서울과 도쿄, 파리를 비롯한 전 세계 100곳 이상의 서점에 독립
출판물을 납품하고, 베를린을 비롯해 미국, 스위스 등 10여 곳의 직영 서점을 운영한다고 했다.
나는 습관적으로 길을 걷다 서점으로 보이는 곳에 불쑥불쑥 들어가곤 한다. 이곳은 베를린에서
가본 서점 가운데 가장 나의 취향에 가까웠다.

Day 13   137

Motto Berlin
Add   Skalitzer Str. 68, 10997 Berlin
Open 월~토요일 12:00~10:00, 일요일 휴무
Site www.mottodistribution.com

서점에는 군데군데 예쁜 색상의 의자가 놓여 있었다. 내가 갔을 때 주인은 서점 밖에서 손님과 대화를 나누고 있었다. 그런데 아무도 없는 공간에 드문드문 비치된 의자들은 서점의 지킴이 같았다.

나는 관광 명소를 찾아다니기 보다, 목적지를 가거나 계획에 없는 길을 걷다 마음에 드는 곳을 발견하면 슬쩍 들러보는 편이다. 오늘은 프리드리히샤인이라는 동네에 가볼까 싶어 슈프레 강을 따라 걷다 보니 이스트사이드 갤러리를 지나가게 되었다. 세계 최대의 야외 갤러리인 동시에, 무너뜨리지 않고 남아 있는 베를린 장벽의 일부 벽에 그림을 그려놓은 곳이다.

200여 명에 달하는 다양한 국적의 작가들이 그림을 그려놓은 벽. 그중에서 가장 유명한 그림인 '형제의 키스' 앞쪽으로 많은 사람이 북적거렸다. 1979년 소련의 서기장과 동독의 서기장이 사회주의가 영원하길 바라는 마음으로 퍼포먼스성 키스를 했는데, 그것을 주제로 그린 그림이라고 한다.
그림 아래에 '신이시여, 이 치명적 사랑에서 저를 구원하소서'라는 글귀가 새겨 있고, 이렇게 키스까지 하면서 지키고자 했던 사회주의가 몰락한 것을 풍자한 작품이라고 한다. 많은 사람이 줄을 서서 이 작품 앞에서 키스를 나누며 사진을 찍고 있었다. 수백 점에 달하는 거대한 그림이 장벽을 따라 그려져 있으며, 장벽 뒤쪽의 강변은 산책하기에도 좋고 스낵을 파는 곳도 많았다. 베를린 예술의 시대정신에 대해 생각해보며 길을 따라 걸었다.

'셰익스피어&선스Shakespeare&Sons'라는 이름의 숍을 발견하고는 직감적으로 들어가봐야
한다는 생각이 들었다. 빵을 아주 좋아하는 편은 아니지만 베이글은 종종 즐기는 편이다. 간판에
셰익스피어&선스라고 쓰여 있어 당연히 책이 있을 거라 짐작했다. 좁고 긴 형태의 이곳 역시 책으로
가득했다. 그동안 다녔던 서점과 달리 문학류가 많아 보였는데 독일어를 모르는 나로서는 짐작만 할 뿐이다.
읽을 수 없는 책은 뒤로하고 먹을 수 있는 베이글을 고르기로 했다. 분명 맛있을 것 같았는데 정말 맛있었다.
베이글을 하나 더 포장할 만큼! 한 가지 의문스러웠던 건 왜 피클이 아닌 생오이를 곁들여 주는 거지?
베를린에서는 한국에서처럼 아삭한 식감의 오이를 먹은 기억이 없기 때문이다. 살짝 무른 듯한 오이의 식감이
베를리너들의 기본값인 걸까? 아무튼 오이는 먹지 않았다.

Shakespeare&Sons
Add   Warschauer Str. 74, 10243 Berlin
Open 월~일요일 08:00~19:00
Site www.shakespeareandsons.com

Berlin Germany

지나가다 오락실 게임기 같은 외관의 버거집이 귀여워 찰칵!

여행을 하다 보면 몰랐던 나의 취향 혹은 예전과 달라진 취향에 대해 알게 되는 경우가 종종
있다. 예를 들면, 지금까지는 음식 때문에 여행이 힘들다고 생각해본 적이 별로 없었는데
이번에는 음식 때문에 힘들어하는 나를 발견했다. 하지만 여전히 미리미리 정보를 찾고 계획을
세우고 목적지를 정하는 일은 드물다. 이 습관 덕분에 보물 같은 곳을 우연찮게 발견하게 되는
경우가 있는데 이때의 희열과 기쁨이 엄청나다. 크지 않은 도시에서 한 달은 비교적 여유로운
시간이니까 이번에도 대부분 직감에 이끌려 여행하고 있다.
은밀하고 좁은 문을 열고 들어가는 것은 나의 변하지 않은 취향이기도 한데, 지나가다 덩굴로
뒤덮인 빛바랜 오렌지색 문을 보았다. 안쪽으로 슬쩍 와인병이 즐비한 걸 보니 리큐어 숍이
틀림없었다. 의식의 흐름대로 들어간 그곳에는 각종 와인과 술병으로 가득했다. 서점을 많이
다녀서 그런지 가게 안 술병들이 마치 책이 쌓여 있는 듯 보였다. 술병의 다채로운 라벨 때문에 더
그렇게 보였는지도 모르겠다.

아이맥과 천장에 매달아둔 오디오 라마 스피커, 자유분방하게 놓인 술병들 사이에서 근사하게 어우러지는 주인 할아버지의 예술적 분위기가 인상적이었다. 입구 앞에 있는 작은 테이블은 와인을 구입하고 마실 수 있는 유일한 곳으로, 이미 다른 커플이 자리를 차지하고 있었다. 그들은 이제 막 와인병을 오픈한 터라 나는 낮술은 하지 못하고 나왔다.

왠지 이곳에 마음이 끌렸다. 나중에 한번 더 와야지, 하고 간판을 찍다 보니 유리창에 Wein&Kunst라고 적혀 있었다. Wein은 와인을, Kunst는 예술을 뜻하니 이 숍은 '와인과 예술'인 셈이다. 오늘 나의 직감적 여행을 자축하며 내심 기쁜 마음으로 발걸음을 돌렸다.

Galerie Orange
Add   Wühlischstraße 37, 10245 Berlin
Open   월~금요일 16:00~20:00, 토요일 14:00~20:00, 일요일 휴무
Site   www.galerieorange.net

Day 14
예술이란 무엇일까

운 좋게 우리 집은 브라덴부르크 문 바로 옆에 있다. 그 문 바로 옆에는 'Academy of Arts' 라는 전시 공간이 있는데 베를린 현대미술 비엔날레가 진행되는 여섯 곳 중 한 곳이다. 제법 규모도 큰 편이라 메인 전시라 할 수 있다. 일요일이라 이 동네에서 놀면 좋겠다 싶었다. 마치 집 앞에 삼청동 국립현대미술관이 있는 것과 같은 느낌이랄까.

Berlin Germany   152

고백하건대, 전시는 어려웠다. 독일어나 영어가 유창하다면 작품에 대한 설명을 읽고 이해를 도왔을 텐데 다소 심오한 주제의 작품 설명은 드문드문 읽기에도 버거웠다. '마이리얼트립'이라는 앱이 있는데 각국에서 공부 중이거나 거주하고 있는 한국인의 투어나 티케팅을 도와주는 플랫폼이다. 이전까지는 종종 이 앱을 이용하곤 했는데 너무 오랜만에 여행하는 탓인지 미처 그 앱을 생각하지 못했다. 이 앱을 염두에 두었다면 한국인 도슨트를 섭외했을 텐데 하는 아쉬움이 오랫동안 남았다.

하지만 건축물을 둘러보면서는 작품에서 느끼지 못했던 새로운 감정이 올라왔다. 문득 나 자신한테 질문했다. "예술이란 무엇일까?" 내게는 재건축된 이 건물이 예술 작품이지 않은가? 해석이 필요한 현대미술과 설명 없이도 감동을 주는 건축물 사이에서 잠깐 상념에 잠겼다. 오래된 석조 기둥과 벽은 무한한 우주 같은, 신식 유리 계단과 유리 천장은 시간을 초월하는 경험을 선사했다.

비록 작품을 읽어내는 데는 실패했지만, 공간을 느끼고 그 안에서 한참을 머물렀다. 날씨가 좋아서인지 많은 사람이 바깥 광장에 있었고, 나는 텅 빈 광활한 공간을 우주인처럼 누볐다.

Academy of Arts
Akademie der Künste
Add　Pariser Platz 4, 10117 Berlin
Open　월~일요일 10:00~20:00
Site　www.adk.de

자전거를 빌린 지 어느덧 일주일이 다 되었고, 오후 늦게 반납하러 갔다.

돌아올 때는 걸어서 왔다. 갤러리나 미술관, 카페 말고 일요일에는 문을 여는 곳이 많지 않다. 자전거 숍에서 집으로 돌아가는 길이 제법 익숙했지만 한산한 시내를 가로지르는 것도 흥미로울 거 같았다. 길거리에서 어떤 행사를 해서 잠깐 구경했는데, 어느 나라나 일요일에는 이런 이벤트가 있구나 싶었다.

커다란 풍선 안에 들어 있는 자동차들과 밴드의 퍼포먼스는 베를린의 현대미술을 마주했을 때와 같은 감동이었다. 불현듯 더 많이 공부하고 싶다는 생각이 들었다. 하루 종일 어려운 과제 같은 전시와 작품을 마주했기 때문인지 집에 도착할 무렵 쓰레기통에 덜렁 꽂혀 있는 해바라기조차 예사롭게 보이지 않았다. '나를 읽어줘'라고 테스트하듯. 가볍지만은 않은 이상한 일요일이었다.

Day 15
열정을 깨우는 베를린의 핫플

어렸을 때는 남들보다 먼저 새로운 물건, 신기한 장소를 섭렵하고 싶었다. 예쁘고 멋진 것을 사랑하는 데다 새로움에 대한 호기심이 왕성했기 때문이다. 그런데 언제부턴가 새로운 물건, 일명 '신상'에 대해 호기심이 급격히 줄어들기 시작했다. 그 후로 새로운 장소 '핫플'에 대한 마음 또한 시들해졌다. 정보가 넘쳐나면서 새로운 물건을 '찾아내는 즐거움'이란 게 내 안에서 사라져버렸다.

우리나라 사람들은 뭔가가 유행하면 유독 열정적으로 소비하는 것 같다. 그래서 같은 걸 입고 사용하는 사람이 많다. 그로 인해 동질감을 느낄 수 있는지는 모르겠지만 나는 재미가 없다고 느꼈다. 그래서 유행이 한참 지나고 나서도 눈과 마음에 들어앉아 있는 물건을 뒤늦게 소비했다. '핫플' 역시 마찬가지다. 당연히 멋진 공간이기 때문에 사람들이 열광하며 그곳을 찾겠지만, 발 디딜 틈 없이 북적거리는 곳에서는 공간이 지닌 힘을 느끼고 경험하기에는 어려움이 있다. 그곳 또한 시간이 지나고 사람들의 발길이 잦아들 무렵 비로소 방문한다. 자칭 얼리어댑터에서 이제는 뒷북을 자처한다.

하지만 여행할 때는 그런 물건이나 장소를 적당히 공격적으로 찾아다닌다. 그 이유는 밀도의 차이인데, 해외에서는 '핫플'이라 해도 발 디딜 틈조차 없는 경우가 흔치 않기 때문이다. 유명하고 뜨는 곳에 가면 물론 북적이기는 하지만 공간을 느끼고 경험하지 못할 정도는 아니다. 충분한 시간을 보내고 눈치 볼 일도 (아직은) 없다.

H&M Mitte Garden은 지금은 '핫플'이 아니지만 미테 지역에 오면 찾는 이가 많은 인기 있는 곳이다. 이름 그대로 H&M 미테점인데 정원이 있고 멋진 오래된 건물도 볼 만하다. 이 장소가 특별한 점이라면 전 세계 다른 H&M 쇼룸에는 없는 물건과 아카이브가 있다는 것. H&M이 아닌 다른 브랜드 제품도 적당히 섞여 있어 H&M을 중심으로 하는 편집숍 같은 느낌이다.
이곳을 추천하는 이유는 매장 깊숙한 곳에 자리한 정원과 카페가 독특하고 아름답기 때문이다.
나는 이번에 옷을 사기 위해서가 아니라 정원 카페에 가기 위해 두어 번 더 방문했다. 여름이라 초록이 울창했지만, 비나 눈이 오는 날은 또 어떤 모습일지 궁금했다. 그리고 지하로 내려가면 H&M 아카이브 제품이 전시되어 있는데 멋진 빈티지 의류는 판매용이 아니라 렌탈 서비스를 하고 있었다. 일상복이 아닌 오트 쿠튀르처럼 한 벌 한 벌 작품 같은 옷으로 특이한 디자인과 섬세한 디테일을 살펴보는 것만으로도 충분히 즐거웠다.

요즘은 누구나 휴대폰으로 근사한 사진을 찍는다. 너도 나도 앞다투어 신상이나 핫플을 소개하고 있어 직접 가보지 않아도 어떤 제품인지, 어떤 곳인지 가늠할 수 있다고 생각했다. 아, 이런 게 생겼구나. 아, 이렇게 생겼구나. 이렇게 눈도장만 찍고 스크롤을 내리곤 했다. 하지만 직접 가봐야만 볼 수 있는 것이 있고, 직접 봐야만 느낄 수 있는 것이 있다. 문득 그건 안 봐도 알 거 같아, 하는 주제넘은 소리를 조심해야겠다고 생각했다.

H&M Mitte Garten
Add Neue Schönhauser Str. 13, 10178 Berlin
Open 월~토요일 11:00~20:00, 일요일 휴무

Berlin Germany 164

H&M Mitte Garten B1

집 근처에 있는 비건 라멘집으로 구글맵에는 라멘&칵테일바로 나와 있다. 비건이라고는 하는데 긍정적인 면에서 전혀 비건스럽지 않은 맛이었다. 다소 생뚱맞은 위치에 있지만 확실한 맛집이라 소개하고 싶다. 그런데 주변에 이렇다 할 만한 것이 없어 일부러 찾아가서 반드시 먹어봐야 하는 그런 맛집은 아니다. 행여 브라덴부르크 문에 간다거나 이 근방의 어딘가를 갈 일이 있다면 추천한다.

Shisomen-Vegan Ramen und Cocktail Bar
Add   Gertrud-Kolmar-Straße 4, 10117 Berlin
Open 월~금요일 12:00~22:00, 토요일 13:00~23:00,
      일요일 13:00~22:00

Day 16
안드레아스 무르쿠디스

베를린에 가면 꼭 가보고 싶었던 편집숍이 두 곳 있는데, 며칠 전 방문한 부 스토어Voo Store와 바로 안드레아스 무르쿠디스Andreas Murkudis다. 아마 베를린에서 가상 감도 높은 편집숍이지 않을까. 안드레아스 무르쿠디스까지 가는 길목은 아주 복잡하지는 않지만, 아크네 스튜디오와 작은 갤러리, 부티크들이 있어 천천히 구석구석 둘러보는 것을 추천한다.
이곳은 높은 층고와 탁 트인 넓은 개방감이 특징이다. 뻥 뚫린 매장에 디스플레이가 감각적이라 예술적인 영감을 받기 충분하다. 패션 아이템뿐만 아니라 가구와 미술 작품도 전시해 황홀하리만큼 근사하게 꾸며져 있다. 다만 고가의 명품 위주로 큐레이션했기 때문에 소소한 쇼핑을 하기에는 한계가 있다. 하지만 물건을 구입하지 않더라도 좋은 물건과 공간 자체를 경험하는 것만으로도 의미 있을 것이다.

Andreas Murkudis
감도 높은 패션&라이프스타일 편집숍
Add	Potsdamer Str. 81, 10785 Berlin
Open	월~토요일 11:00~19:00, 일요일 휴무

안드레이스 무르구디스 바로 앞으로 오래되고 낡았지만 범상치 않아 보이는 건물이 있는데 갤러리, 스튜디오 같은 작은 간판이 세워져 있어 그냥 들어가보았다. 안드레아스 무르쿠디스와 바로 정면에 위치하는데 분위기는 정반대였다. 규모가 크고 모던한 안드레아스 무르쿠디스가 베를린에서 만나는 뉴욕 같은 분위기라면, 이 건물은 유럽 자체였다.
규모가 크지는 않지만, 층마다 작은 개인 디자이너 스튜디오와 갤러리, 부티크도 있다. 안드레아스 무르쿠디스도 눈을 즐겁게 하는 멋진 곳이지만 개인적인 취향으로는 이곳이 더 끌렸다. 낡고 거친 느낌이지만, 지나온 시간의 역사를 고이 간직한 채 땀과 감색의 냄새가 나는 곳이랄까.

Berlin Germany

Gallery Jarmuschek and Partners
오래된 건물에 있는 작은 갤러리
건물에 편집숍, 갤러리, 디자이너 스튜디오도 있다.
오래된 건물의 외관과 실내가 매력적이다.
Add   Potsdamer Str. 81A, 10785 Berlin
Open 화~토요일 11:00~18:00, 일·월요일 휴무

안드레아스 무르쿠디스 바로 앞쪽의 큰길에 제법 큰 규모의 일식당이 눈에 띄었다. 입구에서 메뉴를 살펴보고 바로 결정했는데 우연히 들어간 이곳에서 성공적인 식사를 할 수 있었다. 아무 기대 없이 들어간 편집숍에서 마음에 드는 물건을 득템한 것만큼이나 기뻤다. 저녁에 간단한 식사와 위스키를 마셔도 좋을 듯하다.

Sticks'n'Sushi
Add   Potsdamer Str. 85, 10785 Berlin
Open 월~일요일 14:00~23:00, 금·토요일 14:00~24:00

사랑스럽고 자유분방한 어린이의 그림

Day 17
고르키 아파트먼트

여행 첫 주의 카사 캠피 호텔 이후 두 번째로 호텔에 가는 날이다. 번화가에 위치한 고르키 아파트먼트는 베를린의 디자인 호텔이나 부티크 호텔 중에서 손꼽히는 곳으로, 비교적 쉽게 정보를 얻을 수 있다. 구글맵으로 찾아갔는데, 눈에 잘 띄지 않는 간판 때문에 입구를 바로 앞에 두고도 두 번이나 물어보고 리셉션으로 들어갈 수 있었다.
크고 묵직한 문을 열고 들어서자 체스판 무늬의 타일 바닥과 대형 샹들리에, 아담하지만 사랑스럽고 포근해 보이는 정원이 나를 맞았다. 문 밖은 번화한 베를린 한복판이지만 문을 열고 들어서니 또 다른 세상으로 들어온 듯했다. 중정이 있는 베를린 건물의 특색일 테다. 경쾌한 핑크색 리셉션 안내 그림을 따라 들어가 체크인했다.

조식도 예약하고 싶었지만 아쉽게 조식 서비스는 없었다. 대신 룸에 주방이 있고 원하는 경우 근처 레스토랑을 예약해준다고 했다. 하룻밤인데, 체크아웃하고 나와서 먹어도 되겠지 뭐, 하는 마음으로 객실로 올라갔다. 나는 M.Fischer 룸을 예약했다. 방마다 디자인이 달라 예약할 때 어떤 방을 고를까 즐거운 고민을 했는데, 커튼이 드리워진 욕실의 초록색 타일이 인상적이라 이 룸을 선택했다.

일반적인 호텔 객실보다 크고 공간이 분리되어 있고 주방까지 갖추고 있어 이곳이 왜
아파트먼트인지 이해됐다. 무척이나 이국적이고 아름다운 방이다. 더욱이 누군가가 나를 위해
정갈하게 정돈해놓은 침구는 보기만 해도 흐뭇하다.

욕실은 상상했던 대로 무척 근사했다. 빨리 욕조에 몸을 담그고 싶었다.

그런데 무엇보다 나를 사로잡았던 건 다이닝 공간과 침실로 연결되는 양문 도어. 해외 인테리어 자료를 찾다 보면 양문 도어가 꽤 많이 눈에 띈다. 로브를 입고 양손으로 두 문을 활짝 열고 들어가는 상상을 종종 했으니까. 마치 영화 속 여주인공처럼 말이다. 오늘 밤 그 꿈을 실현할 수 있다는 생각에 마음은 벌써부터 들떠 있었다. 공간을 구석구석 살펴보기 시작했다.

각기 다른 디자인의 가구를 살펴보면서 어느 브랜드의 제품인지 알 수 없는 가구가 모여 있다는 재미있는 사실을 발견했다. 다이닝 테이블과 제각각인 의자도 오래된 나무 가구에 흰색 칠을 한 것이었고, 몇몇 장식품도 유명 디자이너나 브랜드 제품이 아니라 빈티지 상점에서 가져왔을 법한 것들이었다. 그런데도 이곳은 왜 이토록 멋진 걸까?

층고가 높고 유럽의 오래된 건물에서만 볼 수 있는(우리에게는 특별해 보이는) 창문과 나무 바닥 등 공간의 도화지라 할 수 있는 기본적인 부분이 우리와 다르기 때문이 아닐까. 이곳에서 지내다 보면 우리나라 바닥재가 얼마나 청소에 용이한지, 멋은 없지만 이중 섀시의 방음과 단열이 얼마나 편리한지 체감한다. 하지만 창의력과 상상력을 자극하거나 시 한 구절이 절로 나오게 하는 낭만적인 무드는 이런 분위기에서 나오는 건 아닌지.

Gorki Apartments Berlin
Add   Weinbergsweg 25, 10119 Berlin
Site   www.gorkiapartments.com

고르키 아파트먼트 바로 건너편에는 시나몬 롤이 유명한 차이트 퓌어 브로트Zeit für Brot 빵집이 있다. 사람들이 테라스의 널찍한 테이블에 앉아 시나몬 롤을 먹으며 자유로운 분위기를 즐기는 것처럼 보였다. 나는 빵을 좋아하는 편은 아니지만, 시나몬 롤만큼은 예외다. 베이킹에 관심 없는 내가 호떡 밀키트에 시나몬 가루를 듬뿍 뿌려 시나몬 롤을 흉내 내기도 하니 말이다.
이 빵집은 내가 먹어본 시나몬 롤 가운데 손에 꼽을 만큼 맛있다. 그도 그럴 것이 직접 그 자리에서 만들뿐더러 인기가 많아 갓 나온 따끈하고 부드럽고 달콤한 시나몬 롤을 먹을 확률이 아주 높기 때문이다. 그런데 그날은 소소한 소동이 있었다. 나는 시나몬 롤과 함께 커피를 주문했고, 바로 잘라서 접시에 담아준 시나몬 롤을 테라스 자리에 올려두었다. 그러고는 안으로 들어가 주문한 커피를 기다리고 있었다.

Zeit für Brot

Add   Weinbergsweg 2, 10119 Berlin
Open 월~일요일 07:00~20:00
Site zeitfuerbrot.com

그런데 바닥에 흘린 부스러기를 **주워** 먹던 비둘기떼가 내 시나몬 롤을 둘러싸고 잔치를 벌인 것이다. 정말로 순식간에 수십 마리의 비둘기가 내 시나몬 롤을 먹어치우고 말았다. '비둘기들이 네 빵을 먹어버렸어' 하는 안타까움과 황당한 상황에 주변 사람들이 웃었고, 어쩔 줄 몰라 하며 난감해하는 내게 키가 큰 흑인 점원이 다가왔다.

그가 내게 무슨 말인가 했지만, 너무 당황한 나머지 하나도 기억나지 않는다. 그런데 그 점원이 주문한 것과 같은 새로운 시나몬 롤을 들고 와 윙크하며 건네주었다. 민망해하며 울상이 되어 있는 내게 얼마나 고마운 윙크였는지 모른다. 어쨌든 말끔하게 시나몬 롤을 먹고 접시를 가져다주며 고마움을 전했다. 다시 떠올려도 참 별일이다.

고르키 아파트먼트에는 조식 서비스만 없는 게 아니라 따로 운영하는 카페나 바도 없다. 하지만 위치가 위치인지라 그런 부대시설이 없어도 전혀 불편하지 않았다. 저녁에는 친구와 길 건너에 있는 작은 식당에 갔다. 주변 식당이나 카페가 모두 북적이는 여름밤이었다. 주변의 다른 집에 비해 협소했지만, 우리가 앉을 수 있는 자리가 있다는 것만으로도 다행이었다.
일하는 분은 말이 아주 빠르고 움직임도 빨랐다. 메뉴판을 건넬 때는 특유의 리듬을 타는 듯한 제스처를 취했고, 독일어 하기에는 억양이 특이해서 물어봤더니 스패니시라고 했다. 순간 나는 그녀를 '이모~'라고 부를 뻔했다. 시끄럽고 몸이 빠른 여주인과 작지만 복닥거리는 테이블마다 올려 있는 음식을 보면서 손맛 좋은 포장마차를 떠올렸다. 그렇게 자연스럽게 그곳 분위기에 스며들었고, 우리의 한 병은 두 병이 되었고 결국 마지막 손님으로 나왔다.

La Premiata(이탤리언 레스토랑)
Add Weinbergsweg 4, 10119 Berlin
Open 월~금요일 17:00~21:30. 토 · 일요일 13:00~21:30

Berlin Germany 190

Day 18
쿤스트라움 크로이츠베르크

샤워기 수전은 영화에서나 볼 법한 앤티크한 디자인으로 고상하고 아름다운 자태를 뽐냈다. 로브를 바닥에 늘어뜨리고 우아하게 샤워하고 싶었다. 그런데 물을 트는 순간 샤워기에 문제가 있는지 물이 고르게 나오지 않았고 폭죽이 터지듯(?) 스펙터클한 분수 쇼를 하듯(?) 아니 화산이 폭발하듯 사방팔방으로 인정사정 볼 것 없이 물을 발산했다. 덕분에 혼자서 코미디 영화를 찍고 말았다.

아침잠이 많은 편이지만 잠자리가 바뀌면 아무리 아늑하고 고급스러운 침구에 파묻혀 자도 눈이 일찍 떠진다. 체크아웃까지는 시간이 넉넉하게 남아 있다. 하룻밤만 묵는 거라 딱히 챙길 짐도 없다. 호텔에서 묵게 되면 거의 대부분 조식 서비스까지 예약하지만, 이번에는 여유 있는 시간과 주방이 주어졌다.

근처 오가닉 마켓에서 아침거리를 몇 가지 사왔다. 유독 색깔이 예쁜 유럽 사과는 바로 집어 그 자리에서 한입 베이 먹고 싶을 만큼 정말 색이 곱다. 만만한 크루아상 하나와 달걀, 요거트를 구입했다. 남은 재료는 집으로 가져가면 된다고 생각하니 정말 호캉스를 온 현지인 같은 기분이다. 적당한 크기의 캔들도 하나 구입했다. 장기 여행을 할 때마다 은근히 자주 구입하는 것이 바로 캔들이다.

한국에서도 캔들을 자주 켠다. 초가 타고 있으면 손을 모으지 않아도 나를 살펴보고 기도하는 기분이 든다. 아침에는 하루의 시작을 기원하는 마음으로, 늦은 밤에는 반성과 위안하는 마음으로 말이다. 오늘도 안녕한 하루가 되길 바라며 남은 달걀과 불을 끈 캔들을 가방에 챙기고 체크아웃했다.

미술관 앞에 도착했을 때 이 건물이 과거에 성이었을까 하고 생각했는데, 1970년까지 병원이었다고 한다. 건물을 철거하고 사회 주택으로 교체하려 했으나 시민들과 환경보호 운동가들의 반발로 현재는 문화 예술 기관으로 사용되고 있다. 구글맵에는 미술관이라고 표기되어 있었다.
규모가 꽤 커서 몇 가지 전시가 동시에 진행되고 있었고, 모두 무료 관람이다. 한쪽에서는 우크라이나 사진 전시가 진행 중이었다. 우크라이나와 러시아의 전쟁이 끝나지 않은 상황에서 전쟁 중인 우크라이나 모습이 가슴 아프고 무겁게 다가왔다. 나는 발소리와 보폭을 줄이고 조금 숙연한 마음으로 전시장에 들어섰다.

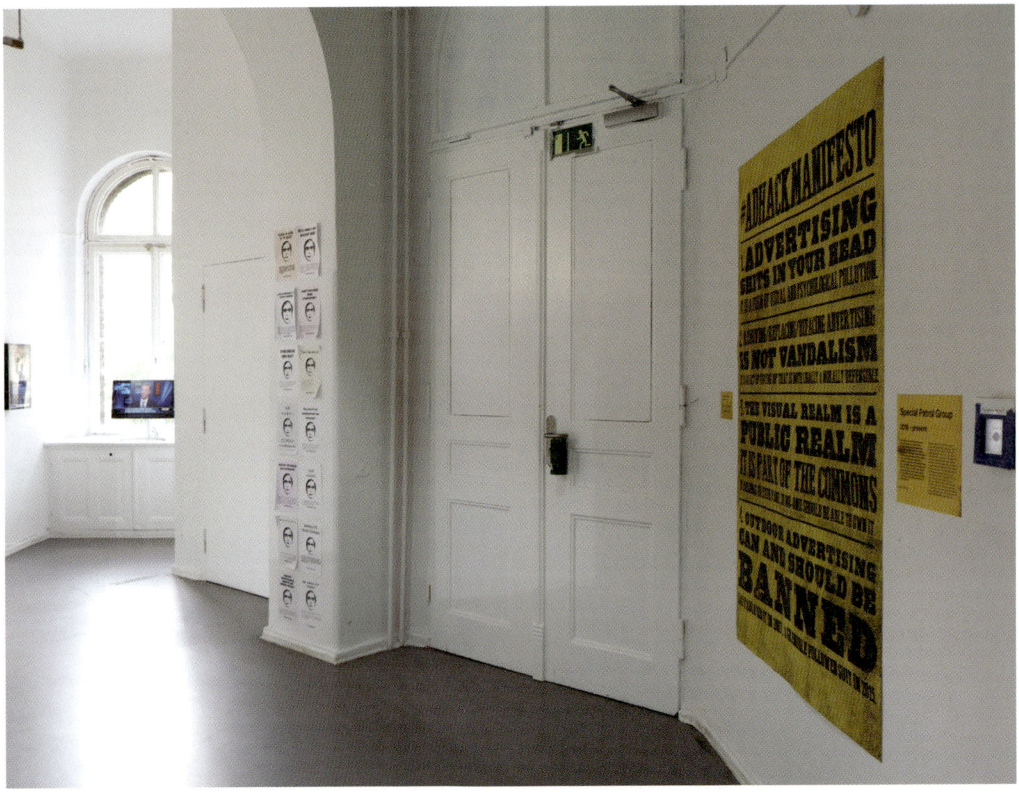
#ADHACKMANIFESTO
ADVERTISING
SHITS IN YOUR HEAD
IS NOT VANDALISM
THE VISUAL REALM IS A
PUBLIC REALM
IT IS PART OF THE COMMONS
OUTDOOR ADVERTISING
CAN AND SHOULD BE
BANNED
Special Patrol Group

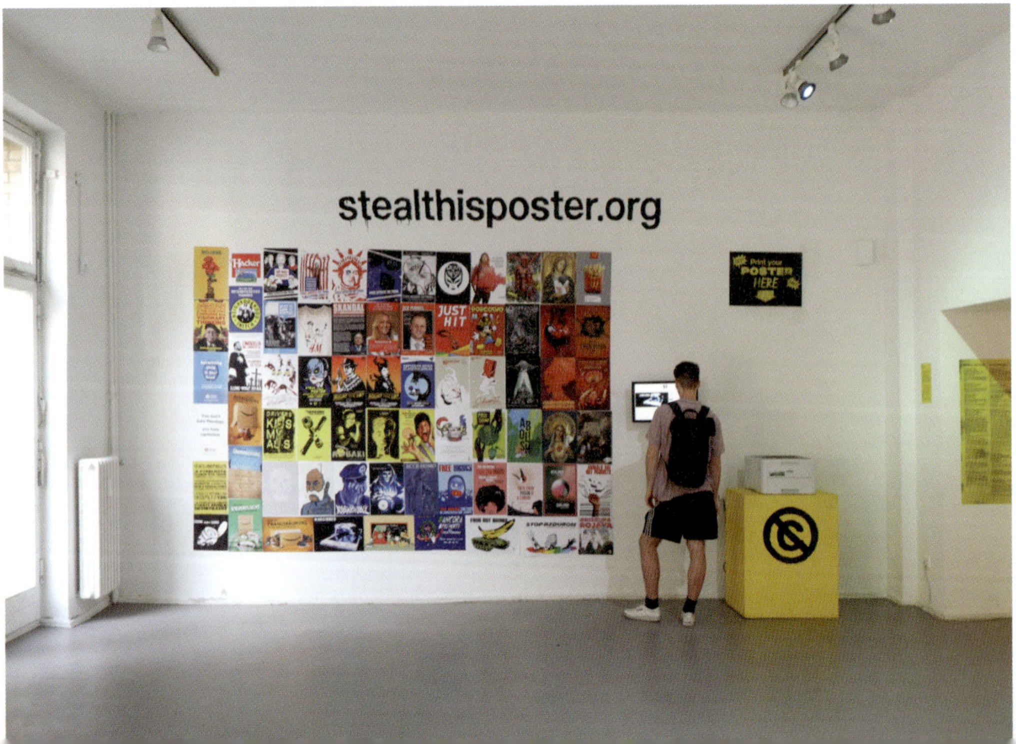
stealthisposter.org
Print your
POSTER
HERE
JUST HIT

도슨트로 보이는 여자가 다가와 전시에 대한 안내문을 건네주며 잠깐 시간이 있냐고 물었다. 그러고는 전시에 대한 설명을 시작했다. 그녀는 사려 깊은 시선과 진지한 태도로 굉장히 열심히 전시에 대해 설명했는데 이 전시를 보러 와서 정말 고맙다고 몇 번이나 말했다. 또한 전시에 대한 의견이 있으면 꼭 알려달라며 공식 인스타그램 아이디를 가르쳐주었.
내가 한국에서 왔다고 하니 더 많은 사람이 우크라이나 상황을 알고 공감하고 힘을 보태야 한다며 널리 알려줄 것을 몇 번이나 당부했다. 그녀의 표정과 태도에서 간절한 감사함이란 이런 거구나 하는 것을 느꼈다. 한참 이야기를 나누고 전시를 관람하는데 목발을 한 관람객이 보였다. 고통과 아픔을 주제로 하는 전시 장소에서 또 다른 아픔을 가진 사람이 마주하고 있는 광경이 서로 위로의 에너지를 주고받는 것 같아 기분이 묘했다.

건물의 다른 쪽에서는 'Brands Aren't Friends'라는 주제로 전시가 진행되고 있었다. 대형마트나 대기업의 브랜드가 화려한 디자인과 현란한 카피라이트로 얼마나 많은 사람을 현혹하는지, 마약에 취한 듯 소비하고 브랜드 제품을 구입하는 현실을 풍자하는 전시로 보였다. 베를린에서 전시를 보면서 느꼈던 건, 개인의 감정이나 아름다움을 표현하기보다 '함께' 혹은 '우리'와 '사회' 이런 키워드를 다룬 전시가 많다는 것이다.
예술을 통해 '함께 더 나은 세상'을 만들고자 하는 것을 예술가의 사명으로 여기는 듯했다. '예술을 통해 세상과 인류에 기여한다'는 단지 아름다움만 좇는 시선 너머에 닿아 있는 베를린 현대미술가들에게서 또 다른 감명을 받은 날이다. 그런데 전시뿐만 아니라 건축물도 구석구석 볼거리가 많았다.
과거 병원이었던 이 건물은 현재 미술관, 아티스트 레지던스로 사용되고 있지만, 약국만은 그대로 남아 있었다. 직접 들어갈 수 없어 문 밖에서만 슬쩍 안을 들여다보았다. 입구에는 아이스크림을 파는 카페가 있는데 창문을 통해 아이스크림을 맛있고 야무지게 먹는 아이가 보였다. 그 모습이 마치 세상에서 가장 달콤한 약을 처방받은 동화 속 아이 같아서 전시를 보면서 느꼈던 무거운 마음을 다소 내려놓을 수 있었다.

Kunstraum Kreuzberg / Bethanien
Add   Mariannenpl. 2, 10997 Berlin
Open 월·화·수·일요일 10:00~20:00,
      목·금·토요일 10:00~22:00
Site www.kunstraumkreuzberg.de

Berlin Germany 198

고르키 아파트먼트에서 화사하고 안락하게 맞이한 아침, 깊은 눈빛이 간절하게 다가왔던 우크라이나 여자를 만났던 오후까지 머릿속이 복잡한 하루였다. 이럴 때는 걸어야 한다. 집까지 걸어가는 길가의 풍경 가운데 하필이면 'LIVE'와 'LIFE'라는 두 단어가 대문짝만하게 쓰여 있는 포스터가 시선을 잡아끌었다. 삶이란 무엇일까.

Day 19
바우하우스 아카이브 숍

독일 하면 보통 클래식 음악이 떠오르지만 아트&디자인 분야에서 일하는 내게는 '바우하우스'라는 말이 가장 먼저 떠오른다. 발터 그로피우스가 1919년 설립한 바우하우스는 1933년 나치에 의해 폐쇄될 때까지 14년간 운영된 학교로 미술과 공예, 사진, 건축 등을 교육했다고 한다. '생활 속의 디자인'이라는 철학을 실천한 바우하우스는 학교를 넘어 하나의 건축, 디자인 양식으로 세계 예술사 전반에 커다란 영향을 미쳤다. 참고로 바우하우스에 관심 있다면 다큐멘터리 영화 〈바우하우스〉를 추천한다.

영화 〈바우하우스〉
다큐멘터리 / 독일 94분
2019년 8월 29일 개봉

바우하우스 아카이브 숍은 이번 여행에서 꼭 방문해보고 싶은 리스트 중 한 곳이었다. 내가 방문했을 당시에는 임시로 운영하고 있어서인지 조금 어수선한 분위기였다. 미술관에 붙어 있는 아트 숍 같은 느낌의 바우하우스 아카이브 숍은 그동안 숱하게 봐온 디자인 제품이 많았지만 역시 포스터가 나의 시선을 사로잡았다. 다른 미술관에서도 바우하우스 포스터를 본 적 있지만, 바우하우스 아카이브 숍인 만큼 종류가 훨씬 많았다. 엽서 종류도 다양했고 기념품을 구입하기도 좋았다.

bauhaus-shop
Add   the temporary bauhaus-archiv,
        Knesebeckstraße 1-2, 10623 Berlin, 독일
Open 월~토요일 10:00~18:00, 일요일 휴무
Site   www.bauhaus-shop.de

바우하우스 아카이브 숍의 규모가
크지 않아서 시간적인 여유가 생겼다.
목적지를 따로 정한 게 아니라서
근처를 돌아봐야겠다고 생각했다.
그런데 바우하우스 숍 바로 옆에
마누팍툼Manufactum이라는 곳이 보였다.
구글맵으로 장소를 검색해보니 '생활용품
백화점'이라고 표기되어 있었다.

Manufactum Warenhaus
Add   Hardenbergstraße 4-5, 10623 Berlin
Open 월~금요일 10:00~20:00, 토요일 10:00~18:00, 일요일 휴무
Site www.manufactum.de/manufactum-berlin-c199347

Day 19   205

백화점이라고? 일반적으로 생각하는 백화점의 모습이 아니라서 의아했지만 다른 일정이 없고 생활용품은 흥미로운 카테고리이니 한번 들어가보지 뭐, 하고 들어섰다. 밖에서 봤을 때는 그다지 커 보이지 않았지만 4층까지 온통 생활용품으로 가득했다. 뜻밖의 수확이랄까. 잡화, 식료품, 가구, 조명 등 정말 없는 게 없는 이곳은 '생활용품 백화점'이 맞았다.

좀 전에 갔던 바우하우스 아카이브 숍보다 정신을 차릴 수 없을 만큼 볼거리가 풍성했다. 바우하우스 아카이브 숍을 좋아하는 사람이라면 이곳에서도 매우 흥미로운 경험을 할 것이 분명하다. 바로 옆에 있으니 꼭 방문해보기를 추천한다.

Berlin Germany 206

Frau Tonis Parfum
Add   Zimmerstraße 13, 10969 Berlin
Open 월~토요일 10:00~18:00, 일요일 휴무
Site www.frau-tonis-parfum.com

Day 20
향기를 모으는 사람

사람마다 여행지를 기념하는 방법은 각기 다를 것이다. 마그네틱이나 스티커, 머그라든지 각자의 관심사에 따라 다양한 방법이 있겠지만, 나는 '향기'를 모으는 편이다. 사계절 공기와 바람의 냄새가 다른 것처럼 도시마다 냄새도 무척 다르다. 도시의 공기를 담아 올 수는 없으니 대신 로컬 브랜드의 향수나 캔들, 인센스 같은 것을 구입한다.

내가 머무는 숙소의 위치가 좋다 보니 어디든 쉽게 걸어갈 수 있다는 장점이 있다. 베를린의 향수 브랜드를 찾아보니 프리우 토니스 파르퓸Frau Tonis Parfum이라는 브랜드가 있고 집에서 걸어갈 수 있는 위치라 방문해보기로 했다. 진즉에 와볼걸 하는 후회가 될 만큼 사랑스러운 공간에 향기가 가득했다. 좀 더 일찍 베를린의 향을 구입했다면 그 향기를 입고 여행했을 텐데, 그랬다면 그 향기와 더 친해질 수 있었을 테고 여행을 마치고 서울로 돌아가서도 이 향으로 베를린을 기억할 수 있었을 텐데, 하는 그런 아쉬움이랄까.

하나하나 시향해보고 선택지를 세 가지로 좁혔지만, 도저히 하나만 고를 수 없어 작은 사이즈의 세 개 세트를 구입했다. 남은 시간 동안 매일 뿌려야겠다. 그래서 집으로 돌아갔을 때 베를린이 그리워지면 이 향기로 시간의 기억을 더듬어야지.

Berlin Germany 208

베를린은 뉴욕 못지않은 그래피티 천국이다. 뉴욕과 조금 다르다면 오래된 유럽 건축물에 그래피티를 입은 베를린의 경우가 좀 더 예술적으로 느껴진다는 것이다. 향수를 구입하고 집으로 돌아가는 길에 그래피티 작업에 심취해 있는 남자를 보았다. 많은 사람이 구경하는 건 아니었지만 지나가다 발걸음을 멈추고 그가 작업하는 광경을 구경하기도 했다.

나는 작업에 진심인 남자를 적당히 떨어진 거리에 있는 벤치에 앉아 구경했다. 그는 한동안 자리를 잡고 자신을 구경하는 나를 약간 의식한 듯 보였다. 내가 그에게 다가가 작업이 멋지다고 말하고 인사를 나눴다. 나만 그런지는 모르겠지만, 여행지에 오면 누구나 용감해지지 않을까. 세상이 날로 험해져서 물론 조심해야겠지만 대낮의 예술가는 안전하겠지.

내가 먼저 상대에게 말을 걸고 친절하게 인사를 나누고 뜬금없이 안부를 묻는 '낯선 즐거움'이 가져다주는 소소한 에피소드. 지금쯤 그의 작업이 어떻게 마무리되었을지 문득 궁금하다.

장기간 여행하는 경우, 나는 큰 흐름만 잡고 현지에서 날씨나 컨디션에 따라 구체적인 계획을 세운다. 한국에서 미리 정보를 빼곡하게 수집해 가도 그 정보는 한정적일 수 있고, 익숙한 도시가 아니라면 현지의 상황과 많이 다르기 때문이다. 예를 들어 베를린 일정에서 미리 계획한 게 하나 있긴 했다. 바로 공연 관람이다. 특별히 무용 공연이면 좋겠다는 건 미리 계획했던 거고, 어떤 공연을 볼지는 베를린에 와서 결정하기로 했다.

거리를 다니면 수많은 공연 포스터를 볼 수 있는데 클래식 공연부터 클럽 광고, 파티, 전시까지 정말 다양하다. 그렇게 눈에 띄는 포스터를 사진으로 찍어두고, 그 정보를 찾아보고 결정하면 된다. 그런데 유난히 눈에 자주 들어오는 포스터가 있었다. 'The Mirror'라는 타이틀의 포스터로 무용 공연이 아닐까 추측했는데, 검색해보니 서커스단의 공연이었다. 서커스라고 하면 가장 먼저 코끼리가 떠올라서 좀 더 자세한 정보를 찾아봤는데 베를린에는 현대무용단 같은 서커스단이 상당히 많았다.

카멜레온이라는 극장도 꽤 인지도가 있고 집에서 멀지 않아 바로 예약했다. 오늘이 바로 공연을 관람하는 날이다.

Hackesche Höfe
Add Rosenthaler Str. 40, 10178 Berlin

오늘 공연을 보는 카멜레온 공연장은 마침 하케셰 회페 안에 있었다. 하케셰 회페는 건물의 안뜰 단지로 부티크, 카페, 갤러리가 서로 연결되고 모여 있는 곳으로 여행객이 아주 많이 방문한다. 나도 이 근처에 자주 와서 몇 번 다녀간 적 있다. 주로 부티크와 카페를 이용하면서 극장이 있다는 건 알았지만 극장 말고 공연장이 있고 내가 그 공연장에 가게 될 줄은 몰랐다. 흥미진진한 토요일 저녁이다.

CHAMÄLEON Theater GmbH
Add   Rosenthaler Str. 40/41, 10178 Berlin
Site   chamaeleonberlin.com

이번 여행에서 손에 꼽을 만큼 감격스럽고 기억에 남는 일정이었다. 공연장은 클래식한 분위기였지만 캐주얼한 시스템으로 운영되고 있어 신선하게 다가왔다. 가만히 앉아 어둠 속에서 관람만 하는 게 아니라 바도 있고 음식도 주문해 먹을 수 있었다. 우리나라에도 몇몇 재즈바가 이런 시스템으로 운영되지만 현대 서커스 공연장에서의 경험은 처음이다.

나는 음악, 미술, 디자인, 건축, 영화 등 다양한 예술 분야를 사랑하는데 언젠가부터 무용이나 춤에 대한 관심이 부쩍 커졌다. 인간의 몸을 재료로 감정을 표현하고, 관람객의 입장에서 그 감정을 전달받고 동화되면서 종종 카타르시스가 느껴졌다. 다분히 감정적이고 감성적인 나는 음악을 듣거나 영화를 보면서 눈물을 곧잘 흘리곤 하는데, 언젠가 무용수 피나 바우쉬Pina Bausch의 공연 영상을 보면서 주체할 수 없는 감정이 북받쳐 올라 눈물을 쏟았다.

그 경험을 계기로 현대무용에 관심이 생겼는데 피나 바우쉬도 독일의 무용수다. 독일은 내게 현대무용에 대한 기대를 안겨준 나라다. 현대무용 공연을 보려 했다가 현대 서커스라는 새로운 장르를 알게 되었고, 현지에서 찾은 아주 큰 우연의 즐거움이다. 어떠한 정보도 없이 마주한 공연의 막이 오르고 시간이 지날수록 감격스러움은 고조에 달했다.

우리가 보통 알고 있는 마른 몸매의 무용수뿐만 아니라 덩치가 큰 남녀 퍼포머도 있고 무용과 달리 서커스라는 장르에 걸맞은 묘기에 가까운 안무가 풍성했다. 현대적이고 예술적이면서 인간 몸의 한계에 도전하는 체육 같은 느낌도 자리했다. 거리에서 본 포스터를 찾아보고 우연히 예약하고 관람했던 공연. 현대 서커스라는 새로운 장르를 알게 된 것도 기쁘지만 공연 자체가 훌륭해서 벅차오르는 행복감을 만끽했다. 사람들의 박수갈채가 끊이지 않았고 나 역시 오랜만에 손바닥이 뜨거워질 정도로 박수를 쳤다.

Berlin Germany 216

Day 21
일요일엔 정원에서

어제 서커스 공연의 여운이 채 가시지 않았는지 생각이 많아진다. 나는 좋은 충격을 받으면 더욱 그렇다. 특히 예술에서 받은 충격은 단지 좋다, 감동적이다 하는 감상으로 끝나지 않는다. 자연의 경이로움만큼이나 예술이 인간의 감정에 미치는 놀라운 영향에 대해 곱씹어보게 된다. 마음 같아서는 남은 시간 동안 공연만 보러 다니고 싶을 정도다. 하지만 마음을 가다듬고 정원이 아름다워 점찍어둔 레스토랑에서 점심을 먹으며 생각을 정리해보기로 했다.

일요일에는 대부분의 상점이 문을 닫고 레스토랑이나 카페만 영업하는 경우가 많다. 지난번
'Do You Read Me?' 서점에 가면서 보았던 레스토랑이 있다. 언뜻 봐도 널찍하고 예쁜 정원이
많은 사람으로 북적였다. 언제 한번 가봐야지, 했던 곳이다. 레스토랑에 도착하니 결혼식인지,
파티인지 모르겠지만 꽃과 음식을 어디론가 보내느라 입구가 분주했다.
베를린에서 의아했던 것 중 하나는 꽃장식이 생각보다 예쁘지 않다는 것이다.
하지만 부 스토어의 꽃장식은 아주 근사했는데, 이곳도 예사롭지 않은 꽃장식을 선보였다.
정원에 자리를 잡고 카푸치노와 햄버거로 점심을 먹었다. 어제 본 공연과 열흘도 남지 않은
시간을 어떻게 보낼까 이런저런 정리를 하며 한가한 휴일을 보냈다.

레스토랑 실내도 들어가봤는데, 세상에! 정원 못지않게 멋진 인테리어에 나도 모르게 입가에
미소가 지어졌다. 높은 층고와 오래된 가구, 창문을 통해 깊숙이 들어오는 볕과 그로 인한
그림자가 만들어내는 음영의 대비…. 레스토랑이 아니라 영화의 한 장면으로 들어온 것 같았다.
이곳은 여행객들한테도 꽤 유명해서 한국 사람도 많은 편이지만, 음식이 유명세만큼 훌륭하지는
않다는 리뷰도 있다.
하지만 공간을 사랑하는 입장에서 그런 리뷰를 보고 와보지 않았다면 후회했을 뻔했다. 날씨가
좋다면 당연히 정원에서의 식사가 근사하겠지만 내가 다시 방문한다면 실내 창가에 앉아
베를린의 여유로움을 즐기고 싶다.

Clärchens Ballroom
Add   Auguststraße 24/25, 10117 Berlin
Open 화~금요일 17:00~23:00, 토·일요일 14:00~23:00

WAR NO! PAUSE
러시아와 우크라이나 전쟁이 끝나기를 바라는 어느 예술가의 벽보

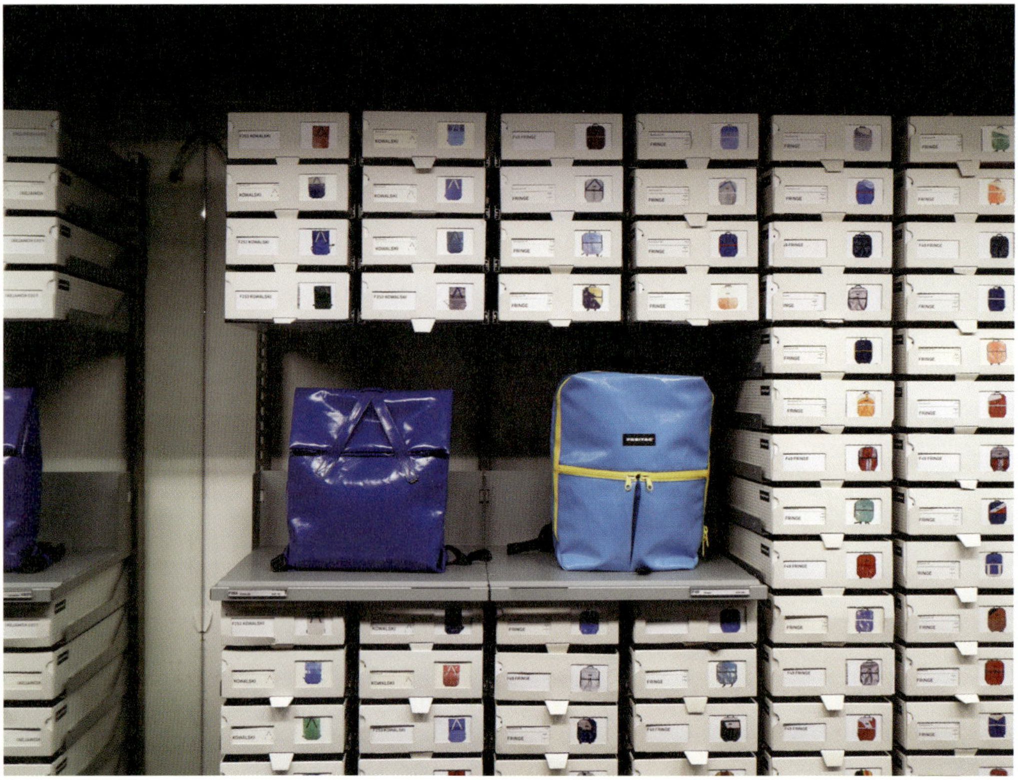

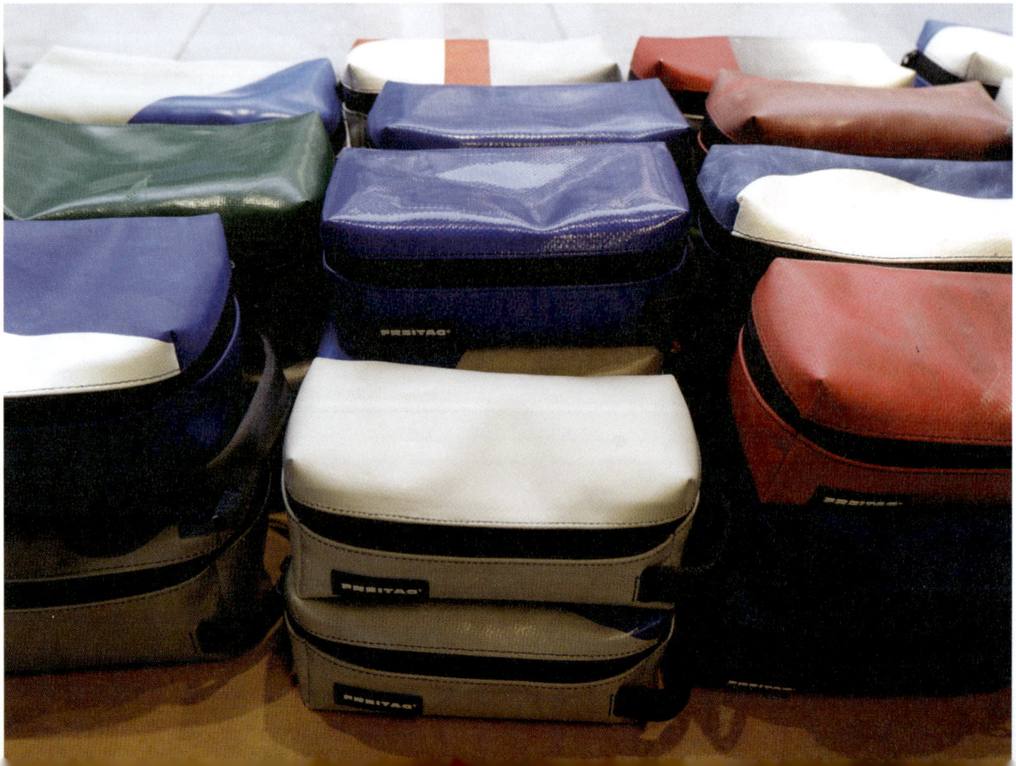

Berlin Germany 222

Day 22
베를린에 왔으니 프라이탁

내게는 징크스가 있다. 여행할 때마다 가전제품이 하나씩 말썽을 일으킨다. 베를린에 오면서 노트북을 가져왔는데 몇 년간 한 번도 문제가 없었던 노트북이 갑자기 화면이 먹통이 되었다. 추측하건대 독일과 한국은 같은 220V라 해도 미세하게 다른 전압 때문에 문제가 생긴 게 아닐까 싶었다. 베를린에서 촬영한 사진, 텍스트를 아직 클라우드에 저장하지 않은 상황이라 난감하고 당황스러웠다. 혼자 해결해보려고 아무리 휴대폰으로 검색해도 소용이 없었다. 최후의 방법으로 베를린에 있는 서비스센터를 찾아가기 위해 삭삭한 마음으로 전화했다. 직원이 해결 방법을 알려주었고 차근차근 따라해보니 화면이 켜졌다. 사건 이후 한국에서 가져온 가전제품을 사용하는 게 염려되어 아이패드 미니를 하나 구입했다. 노트북보다 작고 가벼워 휴대하기도 좋다. 그럼 파우치도 필요하지 않을까. 나는 프라이탁의 브랜드 철학에 공감한다. 그런데도 프라이탁 제품이 하나도 없다.

프라이탁 책을 정독하고 브랜드 철학을 예찬하면서 정작 가지고 있는 제품이 하나도 없다는 게 아이러니하지만, 옷 입는 스타일이 프라이탁하고 어울리지 않다 보니 고객이 되지 못했다. 하지만 내게는 아이패드 미니가 생겼고, 여기는 베를린이 아닌가! 그렇다면 프라이탁 파우치를 구입할 수밖에!

FREITAG Store Berlin
Add Max-Beer-Str. 3, 10119 Berlin
Open 월~금요일 11:00~19:00, 토요일 11:00~18:00, 일요일 휴무

Berlin Germany   224

Five Elephant Kollwitz
Add   Kollwitzstraße 98, 10435 Berlin
Open 월~금요일 08:00~18:00, 토 · 일요일 09:00~18:00
Site www.fiveelephant.com

커피가 더반 베를린 커피만큼 맛있고 특히 치즈케이크가 아주 맛있는 파이브 엘리펀트 커피Five Elephant Kollwitz. 눈을 뜨자마자 이곳의 카푸치노가 마시고 싶어 찾아왔다. 미테 한복판에도 있지만 나는 콜비츠에 있는 지점이 마음에 든다. 미테에 있는 지점은 관광객이 많은 편이고 콜비츠 지점은 이 동네에 거주하는 사람들이 오는 것 같다. 그래서인지 좀 더 '동네 커피숍' 같은 분위기라 그들 틈에서 현지인 같은 기분을 잠깐이나마 느껴본다.

요즘 유럽에서도 요가 열풍이 불고 있다는 얘기를 들었다. 베를린에서도 곳곳에 요가센터가 눈에 띄었다. 나 역시 요가를 수련 중인데 아직은 초보 수준이다. 요가 스튜디오를 검색해보니 원데이 클래스도 있고 일주일 단위도 등록이 가능했다. 한국에 돌아가면 열심히 수련해서 다음에 베를린으로 장기 여행을 오면 꼭 참여해보고 싶다.

오늘의 거리 풍경

Day 23
동물원 옆 디자인 호텔

몇 년 전 베를린에 왔을 때 머물렀던 비키니 베를린은 디자인 호텔로 유명하다. 규모가 크고 주변에 관광 명소도 많고 쇼핑센터도 잘 조성되어 있어 인기가 많다. 하지만 개인적으로는 너무 '관광'의 느낌이 강하게 들어 이번에는 예약하지 않았다. 하지만 이 호텔에 내가 좋아하는 장소가 있는데, 바로 꼭대기 층에 있는 레스토랑, 카페, 바&펍이다. 바&펍은 저녁 즈음 문을 열고 술을 팔지만, 레스토랑과 카페는 전망도 좋고 낮부터 즐길 수 있다.

25hours Hotel Bikini Berlin
Add   Budapester Str. 38-50, 10787 Berlin

NENI Berlin(레스토랑&카페)
Open   월~일요일 12:00~24:00

이곳의 탁 트인 전망이 보고 싶어서 다녀왔다. 집에서 식사한 데다 커리부어크로 군것질까지 했기에 오늘은 커피만 주문했다. 넓은 실내와 캐주얼하지만 모던한 분위기의 이 레스토랑은 음식도 꽤 맛있었던 걸로 기억한다. 동물원 옆에 위치해 많은 관광객으로 북적거리지만, 전망 좋은 레스토랑에서 브런치를 즐기고 싶다면 이곳을 추천한다.

이 동네에 또 언제 오게 될지 기약할 수
없다는 생각이 들자 무작정 걷고 싶었다.
호텔에서 멀어질수록 관광지가 아닌
생활인의 영역에 들어선 듯했다. 그런데 가장
먼저 눈에 띈 것은 역시나 빈티지 가구점이다.
빨강 카펫이 인상적인 이 가구점은 나를
들뜨게 하는 의자와 책으로 가득했다.

매일 커피만 마시다 보니 차를 마시고 싶다는 생각을 했는데, 가까운 곳에 유명한 티 숍이 있었다. 자주 가는 미테 동네에도 같은 브랜드의 작은 티 숍이 있는데, 이곳의 규모가 훨씬 더 컸다. 매장 인테리어나 디스플레이를 구경하는 것은 언제나 나를 즐겁게 한다. 친절한 점원이 아이스 티 한잔을 내주며 설명해주었다.
나는 아침에 마실 카페인이 있는 그린티와 밤에 마실 허브티를 찾고 있었는데, 그녀가 두 가지를 추천했다. 티와 어울리는 초콜릿도 두 개 구입했다.
'You Drink Coffee I Drink Tea, My Dear'라는 문구가 왠지 낭만적이었다.

Paper&Tea - Berlin Charlottenburg
Add   Bleibtreustraße 4, 10623 Berlin
Open 월~목요일 10:30~18:00, 금 · 토요일
      10:30~18:30, 일요일 휴무
Site www.paperandtea.de

이제 베를린에서의 시간이 일주일 정도 남았다. 하루하루 날짜를 카운트하는 걸 보니 나의
조급한 마음이 느껴졌다. 남은 일주일을 어떻게 보낼지 고민이 많다. 나는 특별한 경험을
하기보다 일상의 소소함을 새로운 공간에서 경험하는 것이 좋다. 그래서 남은 기간 동안 베를린
호텔을 다녀보기로 했다. 이틀씩 세 곳의 호텔을 방문할 수 있을 것 같다.

Berlin Germany 238

Day 24
또 다른 여행의 시작

오늘은 호텔을 개장한 지 6개월 정도밖에 안 되는 한마디로 '신상 호텔'을 방문했다. 오픈한 지 얼마 안 되는 호텔은 적극적인 홍보나 마케팅을 하지 않는 이상 쉽게 찾을 수 없는데, 운 좋게 이런 멋진 공간을 만났다. 이곳은 1896년 건축가 아돌프 뷔르크너와 에두아르트 퓌르스테나우가 교도소 건물로 건축한 것으로 2022년에 호텔로 오픈했다. 교도소라고 하면 죄수들이 밥도 먹고 운동도 하지만 '폐쇄'와 '격리'가 기본이지 않은가? 호텔과 교도소는 호텔이 대문 밖으로 드나들 수 있다는 점을 빼면 기능적인 측면에서 비슷하다는 생각이 들었다.

호텔에 도착해 묵직한 출입문을 열고 들어가니 눈이 호사를 누리는, 한마디로 굉장한 정원이 시야를 채웠다. 지나온 역사를 증명하듯 울창하게 자란 나무와 거대한 빨간색 벽돌 건물이 인상적으로 다가왔다. 이곳이 교도소였다니, 도저히 믿어지지 않을 만큼 낭만적이다. 이곳에 대한 정보를 검색해도 호텔 공식 인스타그램 말고는 별다른 정보를 찾을 수 없었다. 혹시 하는 마음에 하룻밤만 예약했는데 며칠 더 머물러도 좋았을걸 하는 아쉬움이 남았다. 하지만 이후의 숙소를 이미 예약한 상태라 주어진 시간 동안 이곳을 100퍼센트 즐기기로 했다.

예상대로 객실은 크지 않았다. '교도소'라는 곳을 떠올리면 충분히 수긍할 수 있는 부분이다. 어쩌면 이 호텔에서 가장 작은 방은 죄수들이 '독방'으로 사용했던 곳이 아닐까. 아무리 그래도 독방은 너무 작기 때문에 내가 묵었던 방은 4~5인실쯤 될 것 같았다.

Berlin Germany 244

호텔에는 사우나와 루프톱 테라스, 필라테스 기구가 갖춰진 심플한 짐GYM, 모두가 거실처럼 쓸 수 있는 휴식 공간, 간단한 음료와 간식이 24시간 마련되어 있는 작은 다이닝 공간까지 갖춰져 있다.

정원으로 둘러싸인 이 식당은 프랑스와 베를린 최고의 식당에서 근무했던 소피아 루돌프라는 요리사가 메뉴를 총괄한다. 나는 한식과 떡볶이, 타코 같은 길거리 음식도 좋아하지만, 기회가 닿으면 팬시한 레스토랑에서의 코스요리도 기꺼이 즐기곤 한다. 그런데 빌미나 호텔Wilmina Hotel의 로피스Lovis 레스토랑에 대한 정보를 찾아보니 흥미로운 점이 한둘이 아니었다. 개인적으로 최근 몇 년 사이 채식에 대해 관심이 커졌는데 로피스 레스토랑이 채소에 중점을 두고 계절과 지역에서 나는 식재료를 사용해 전통 음식을 재해석한다고 한다. 음식 맛이 어떨지 너무나 궁금했고, 저녁 6시 예약에 맞춰 찾아간 레스토랑은 약간 어둡지만 아름다웠다. 어둠이 내리기 전이라 개방감이 느껴지는 통창 밖으로 수풀이 무성한 정원이 드라마틱하게 펼쳐졌고, 한여름의 뜨거운 태양이 서서히 집으로 돌아갈 채비를 하고 있었다.

문득 혼자라는 사실이 외롭다기보다 아쉬운 마음이 슬금슬금 나를 잠식해 들어왔다. 혼자 밥을 먹고, 혼자 길을 걷는 것은 자유롭고 홀가분하지만, 이런 멋진 공간이라면 누군가와 함께 좋은 음식과 좋은 시간을 나누고 싶다는 생각이 들었다. 한국에 돌아온 지금도 빌미나 호텔과 로피스 레스토랑에서의 시간이 유독 기억에 남아 나를 행복하게 만든다.

Wilmina Hotel
Add   Kantstraße 79, 10627 Berlin
Site   wilmina.com

Lovis Restaurant&Bar
Add   빌미나 호텔 내에 위치
Site   lovisrestaurant.com

Berlin Germany 248

Day 25
베를린의 앤티크 빈티지 마켓

어제는 온종일 호텔에서 보냈지만, 오늘은 체크아웃하고 동네 산책에 나섰다. 베를린은 빈티지 숍으로 유명한 만큼 어딜 가도 쉽게 볼 수 있다. 호텔이 있는 동네에 칸트 스트리트가 있는데 앤티크와 빈티지 숍이 많기로 유명하다. 호텔 바로 뒤쪽으로 걸어 눈을 즐겁게 하는 숍들을 구경했지만, 문을 열지 않은 곳이 꽤 많았다. 정보를 자세히 찾아보니 일주일에 이틀이나 삼 일만 영업하는 곳이 많고, 정오가 넘어야 문을 여는 곳도 꽤 있었다. 하지만 창문 안을 들여다보는 것만으로도 재미가 쏠쏠했다.

동네 산책을 마치고 호텔을 나오면서 눈도장을 찍어두었던 호텔 바로 옆에 있는 베트남 식당에서 쌀국수와 딤섬으로 점심 식사를 했다.

C'yah
Add Kantstraße 83, 10627 Berlin
Open 월~금요일 11:30~22:00, 토 · 일요일 12:00~22:00, 화요일 휴무
Site cyah.de

배를 든든히 채우고 구글맵을 켰다. 오늘은 다른 호텔로 체크인하는 날이지만 다음 호텔은 이틀을 예약했기 때문에 체크인을 서두를 필요는 없었다. 근처에 가볼 만한 곳이 있는지 지도를 살펴보았다. 걸어서 갈 수 있는 거리에 샤를로텐부르크 성Schloss Charlottenburg이 있어 가보기로 했다.
물어물어 찾아가지 않아도 가깝게 있으니 얼마나 행운인가. 성 안을 보려면 입장료를 내야 한다길래 오늘은 정원만 둘러보기로 했다. 정원의 규모가 워낙 커서 한 바퀴 돌면서 중간 중간 마련된 벤치에 앉아 베를린의 날씨와 풍경에 나를 맡겼다. 그것만으로도 충분했다.

Berlin Germany 252

Schloss Charlottenburg
Add   Spandauer Damm 10-22, 14059 Berlin
Open 화~일요일 10:00~16:30, 월요일 휴무
Site www.spsg.de

오후 무렵 예약한 호텔에 도착해 체크인을 했다. 구글맵에는 Vilhelm 7 Residences로 검색해야 하는데, 도착해보니 작은 간판에 부티크 호텔이라 쓰여 있었다. 역시나 오래된 건물이고 민트색이 칠해진 크고 묵직한 출입문을 열고 들어가니 고층 건물로 둘러싸인 중정이 있었다. 우리나라로 치면 아파트 같은 곳으로 그중 몇 곳이 레지던스로 운영되는 듯했다. 중정에는 실제 거주하는 사람들의 생활이 곳곳에 묻어났다.
놀이터와 알록달록한 장난감과 일상에서 사용하는 물건들로 누군가의 '집에 왔다'는 기분이 들었다. 아담한 리셉션에서 체크인하면 방을 안내해주는데, 복도 곳곳에 작품과 함께 간단한 설명이 걸려 있어 마치 작은 갤러리에 온 듯한 느낌도 있었다. 방 안에는 손때 묻은 가구들이 무심하게 놓여 있었는데 꽤나 다정했다.

Day 25   257

Vilhelm 7 Berlin Residences
Add   Wilhelmstraße 7, 10963 Berlin
Pho   +49 176 60489063
Site   vilhelm7.de

어제 묵었던 빌미나 호텔과는 또 다른 매력이 있다. 방에도 커다란 작품이 걸려 있고 침대 머리맡의 노란색 벽과 파란색 패브릭 소파가 오래된 건물에 경쾌함을 더했다. 레지던스라고 하지만 냉장고와 간단한 식기류 말고 주방 시설은 없었다. 주방이 있으면 좋았겠지만, 여행이 끝을 향해 달려가고 있는 내게 필요한 건 싱크대가 아니라 테이블이다.
창가에 스탠드가 있는 테이블을 보자 '빨리 원고를 쓰고 싶다'는 생각이 들었다. 근처 마트에서 와인 한 병과 통조림 음식을 몇 가지 사왔다. 통조림 소시지와 참치, 화이트 와인 한 잔에 백예린의 음악이 더해지니 근사한 작업실이 되었다.

Day 26
추억의 브런치 카페

이곳은 몇 해 전 베를린에 왔을 때 현지에서 만난 유학생이 알려준 브런치 카페인데 당시에는 현지인만 주로 이용하는 곳이라고 귀띔해주었다. 그게 2018년 일이다. 시원하게 높은 층고와 나무결이 살아 있는 가구와 식물, 예쁜 디자인 제품으로 가득한 이곳은 꽤 스타일리시한 사람들로 북적였던 걸로 기억된다. 브런치가 유명해서 오늘은 조식 서비스를 예약하지 않고 브런치를 먹으러 왔다. 고작 한 번밖에 와보지 않았는데도 왠지 모르게 정겹고 반가웠다. 그때나 지금이나 그 자리를 지키고 있는 가구들과 여전히 예쁜 물건들을 만지작거리며 이곳에 처음 왔을 때를 추억해본다. 한 가지 달라진 점이 있다면, 이제는 꽤 유명해져서 관광객이 제법 많아 보인다는 것이다. 그럼에도 불구하고 한 번은 방문해볼 만하다.
우리나라에도 지금은 이런 멋진 공간이 넘쳐나지만 그런 와중에도 소리 소문도 없이 사라지는 곳도 있고, 잦은 리뉴얼로 분위기가 바뀌는 곳도 많다. 유럽은 한자리에서 같은 분위기를 수년, 수십 년간 지켜가는 곳이 많아 몇 년 만에 다시 와도 당시의 정서를 고스란히 느낄 수 있다. 추억과 기억이 그 자리에 잘 보관되어 있는 것 같아 고마운 마음이 들었다.

Hallesches Haus - Store, Café
Add Tempelhofer Ufer 1, 10961 Berlin
Open 수~일요일 10:00~17:00, 월·화요일 휴무
Site www.hallescheshaus.com

햇빛이 쨍했는데 별안간 먹구름이 몰려오더니 빗방울이 떨어지기 시작했다. 다행히 카페에서 레지던스까지는 큰길 하나만 건너면 되기 때문에 비가 쏟아지기 전에 급하게 돌아왔다. 잠깐 휴식을 취하고 원고 작업을 시작해야지. 이 창가 자리는 정말이지 어떤 작업에도 몰두할 수 있을 만큼 학구적이다. 작업을 시작하기 전에 작은 의식을 치렀다.

얼마 전 빈티지 가구점에서 가구와 조명을 눈독만 들이고 구입하지 못했다. 가져갈 방법이 당최 없으니 말이다. 대신 한국에서 사려고 위시리스트에 담아놓은 캔들홀더가 있는데, 마침 그 가구점에 그 제품이 있었다. 1960년대 큰 사랑을 받았던 스토프 나겔STOFF Nagel 제품으로 재생산하면서 다시 인기를 끌고 있다. 내가 구입한 건 1968~72년에 만든 오리지널이라며 빈티지 숍의 인자해 보이는 주인 할아버지가 포스트잇에 메모까지 해주셨다.
여행할 때 사용하려고 캔들 스틱까지 미리 구입했는데, 그날이 바로 오늘이다. 비는 그쳤지만 조금 어스름한 오후 따뜻한 차 한잔과 초콜릿 몇 조각을 접시에 담고 초에 불을 붙였다.
여행하면서 어느 때가 짜릿한지 묻는다면, 바로 지금 이런 순간이다. 너무나도 시시콜콜하고 사소한 일상의 순간이 영화의 한 장면 못지않게 아름답다. 그 찰나의 조도와 온도와 냄새까지 몸에 각인되는 순간이니 말이다. 감동적인 영화를 봤을 때나 좋은 음악을 들었을 때 느껴지는 묘하고 짜릿한 여운을 나는 이런 순간에 느끼곤 한다.

Berlin Germany

지난주 현대 서커스 공연을 보고 한 번은 더 공연을 관람해야겠다고 계획했고 틈틈이 공연 정보를 찾았다. 라디알쥐스템Radialsystem이라는 문화센터 같은 곳을 발견했고, 공연 예약을 했었는데 오늘 저녁이다. 과거 정수 시설이었던 곳을 개조해 공연장으로 사용하고 있었다. 신체, 시간 및 공간, 움직임, 소리 및 만남, 전통과 혁신, 경험과 아이디어를 예술과 삶으로 번역한다는 웹사이트의 소개글처럼 오늘 관람한 퍼포먼스 공연 역시 굉장히 실험적이었다. 슈프레 강변에 있어서 조금 일찍 갔어도 참 좋았겠다 싶었다.

Radialsystem
Add Holzmarktstraße 33, 10243 Berlin
Site www.radialsystem.de

Paris Bar
Add Kantstraße 152, 10623 Berlin
Open 월~일요일 14:00~01:00
Site www.parisbar.net

공연을 보고 나자 신체의 여러 감각이 살짝 흥분 상태이기도 하고 베를린에서의 마지막 금요일이기도 하니 이대로 호텔로 들어가는 게 아쉬웠다. 거리가 있긴 하지만 우버를 타고 파리 바Paris Bar로 갔다. 세계적으로 유명한 화가들이 모였던 장소로 아주 유명하다. 앤디 워홀, 마돈나, 제프 쿤스 같은 유명인의 아지트였다고 해서 꼭 가보고 싶었는데 영업이 마감 중이라 들어가지 못했다. 아쉬운 마음이 들었지만 언젠가는 기회가 있겠지. 베를린에 다시 온다면 그때는 반드시 와보리라. 아쉬움은 다음을 기약하고 기대하게 하니까!

Berlin Germany   266

Day 27
아침 식사의 즐거움

레지던스에서 이틀 밤을 보냈다. 오늘은 체크아웃하는 날이라 조식 서비스를 신청했다. 호텔이든 레지던스든 조식 메뉴는 대부분 비슷하기 때문에 별다른 기대를 안 하지만 새로운 분위기에서 아침 식사를 즐기는 것은 빼놓을 수 없는 여행의 즐거움이다. 정말 색다른 분위기의 다이닝 공간이었다. 이 레지던스 자체가 세련된 느낌과는 거리가 있지만, 어딘가 모르게 파리의 시골집 같은 느낌이 설핏 배어 있다고 해야 할까.

그런데 조식을 먹는 다이닝 공간은 완벽하게 그런 느낌이었다. 오래되고 묵직한 나무 식탁과 의자가 그런 인상을 주는 것 같다. 뷔페 타입이 아니라 테이블에 음식이 세팅되어 있었다. 엄마가 차려놓은 밥을 먹는 기분이랄까. 샐러드도 빵도 버터도 모두 신선했고, 투박하지만 자연스럽고도 다정한 아침 식사였다.

여행 일정을 일주일 남겨두고 세 곳의 호텔과 레지던스를 투어하는 중인데 오늘은 마지막 호텔을 체크인하는 날이다. 첫 번째 빌미나 호텔은 무척 아름답고 새로운 곳이었고, 두 번째 빌헬름 레지던스가 정감 넘치는 분위기였다면 세 번째 아마노 홈은 호텔체인 그룹에서 운영하는 레지던스 비전이면서 호텔 서비스를 제공한다. 빌미나 호텔과 빌헬름 레지던스의 중간쯤 된다고 할 수 있는데, 무엇보다 위치가 아주 만족스러웠다.

미테 중심가에 있고 한마디로 '슬세권'이라 할 수 있다. 이 호텔은 처음 베를린에 왔을 때 묵었던 곳이기도 하다. 객실이 아주 크지는 않지만, 기능성 키친이 갖춰져 있으며 트랜스포머 수납장에 감격했던 터라 꼭 소개하고 싶다. 또 이 동네에서 여행을 마무리하고 싶기도 해서 3박을 예약했다. 객실에 들어서면 첫인상은 매우 심플하고 담백하다.

나무 바닥에 하얀 수납 가구와 침구, 청결한 화장실을 비롯해 이 호텔의 백미라 할 수 있는 수납장을 열어보는 순간, 누구나 감탄할 수밖에 없다. 인덕션, 싱크대, 오븐을 비롯해 각종 주방 기구가 감쪽같이 숨어 있다. 한 가지 아쉬운 점은 주방 기구가 이렇게 완벽하게 갖추어져 있는데 테이블이 없다는 것. 소파와 작은 커피 테이블이 있지만 식사하기에는 불편한 구성이다. 하지만 주방이 있으면 나는 설레고 만다. 그리고 가장 가까운 마트로 달려간다.

Berlin Germany 270

친구를 초대했다. 이번 일정을 함께하는 친구로 에어비앤비에서는 각자 방을 사용했는데 호텔 투어를 하면서 떨어져 지내고 있다. 나는 한국에서도 종종 친구들을 집으로 초대해 밥 먹는 걸 즐기는 편이다. 여기가 내 집은 아니지만, 친구를 초대해서 파스타 면을 삶고 빵을 접시에 담아 집에서와 같은 기분을 만끽했다. 내가 정말 이곳에 살고 있는 것만 같았다.
벨을 누르고 디저트를 사서 들고 온 친구도 우리 집에 놀러 온 기분이라며 색다른 재미가 있다고 말했다. 식기세척기까지 있는 이곳의 이름은 아마노 홈Amano Home. 이름처럼 정말 '집'이다. 이곳은 하루만 묵기에는 아쉽고 트랜스포머 주방을 반드시 경험해봤으면 좋겠다.

테이블이 없어서 불편한 자세로 파스타를 먹으면서도 무척 즐거웠다. 이제 3일밖에 남지 않은 베를린에서의 시간은 1분 1초가 아깝고 아쉽다. 친구 집에 놀러 온 친구와 나는 집에서 밥을 먹고 밖으로 나가 맥주 한잔하는 한국에서의 일상처럼 동네 술집으로 향했다. 한 가지 다르다면, 한국 집 근처는 힙하지 않지만 이곳은 정말 힙하다는 것. 갑자기 신사동 가로수길 주민이 된 듯한 기분을 베를린 미테 안복판에서 느껴본디.

AMANO Home
아마노는 체인호텔 그룹으로 아미노 호텔Amano Hotel이 몇 곳 더 있다.
내가 추천하는 곳은 Amano 'Home'이다.
호텔 분위기가 각기 다르기 때문에 예약 시 주의할 것!
Add   Torstraße 52, 10119 Berlin
Site   www.amanogroup.de/de/hotels/amano-home

간판도 없고 벽돌색 벽과 블랙 & 화이트 스트라이프 파라솔 장식과 수북한 와인병 그리고 LP판이 시야를 가득 채우는 손바닥만 한 바에 들어갔다. 많은 술집 가운데 직감적으로 들어온 이곳은 성공적이었다. 수준 있는 내추럴 와인을 잔으로 마실 수 있었다. 와인과 샴페인을 잔으로 파는 곳이고 안주라고 할 만한 메뉴는 올리브와 샌드위치밖에 없다.

기분이 고조된 탓으로 가게 이름이나 위치를 체크하지 않은 불상사가 있었는데, 한참을 걷다 들어간 곳이라 어쩌면 찾아가지 못할 수도 있다. 하지만 이곳에서 보낸 토요일 밤의 낭만과 자지러지게 웃었던 유쾌함은 영원히 기억될 것이다.

Day 28
베를린에서 스냅 사진을

혼자 하는 여행의 사진첩에는 방문했던 장소나 음식, 감각적인 물건 사진은 넘쳐나지만 정작 내 모습은 어쩌다 거울에 비춘 사진이 고작일 때가 대부분이다. 성향에 따라 자신의 모습을 남기고 싶은 사람도 있고, 아닌 사람도 있지만 나는 전자에 속한다. 그래서 한 번씩 어색함을 무릅쓰고 삼각대에 타이머를 맞춰 자연스러운 '척' 순간을 남기려 한다.

여행을 자주 다니고 분명 나는 베를린에 다시 올 거라 생각한다. 많은 장소가 변치 않고 그 자리에서 나를 맞아주겠지. 하지만 지금 이 순간의 나와 미래의 나는 다를 테고, 여행의 막바지에서 '지금의 나'를 기록하고 기억하고 싶다.

'마이리얼트립'이라는 앱에서 여행 정보나 티켓 예매, 공항 셔틀 예약, 관광지 가이드부터 스냅 촬영까지 여행에 유용한 정보와 서비스를 이용할 수 있다. 에어비앤비 앱에 있는 '체험' 카테고리의 한국판이랄까. 나라마다 현지에서 공부 중인 한국인 유학생이나 거주하는 한국인이 비전문적인 수준부터 전문적인 수준까지 다양하게 제공한다.

나는 두 시간 정도 소요되는 스냅 사진 촬영을 이용하곤 한다. 처음 보는 낯선 사람을 만나 최대한 카메라를 의식하지 않고 사진을 찍는 게 살짝 부끄럽지만, 혼자 길거리에서 삼각대를 세워놓고 찍는 것보다는 한결 부담이 덜하다. 혼자 여행하면서 내 사진을 남기고 싶다면 조금은 뻔뻔해질 용기를 내봐도 좋다.

스냅 촬영 카테고리에서 사진작가로 활동하는 사람들의 포트폴리오도 볼 수 있는데 자신한테 맞는 분위기를 선택하면 된다.

나는 베를린에서 대학을 다니는 친구한테 의뢰했다. 주로 사진을 찍어주는 분이 장소를 추천하는 경우가 많지만, 오늘 꼭 가보고 싶은 갤러리가 있어서 그곳으로 정했다. 이렇게 스냅 촬영을 의뢰하면 현지에서 거주하는 분을 만날 기회가 생기기 때문에 생활 정보나 현지인만 아는 장소 같은 귀한 팁을 얻을 수 있다. 처음 방문하는 여행지라면 초반에 이런 서비스를 이용해보는 것도 꽤 유용하다.

콘크리트로 만든 브루탈리즘 양식의 세인트.아크네스St.Agnes 교회 건물을 개조해 전시와 이벤트를 진행하는 갤러리로 신진 아티스트의 작품을 감상할 수 있다. 페인팅을 비롯해 사진, 영상, 설치, 조각 등 다양한 장르의 미술을 한자리에서 즐길 수 있다.

Berlin Germany   278

KÖNIG GALERIE
- **Add** Alexandrinenstraße 118-121, 10969 Berlin
- **Open** 수~토요일 11:00~18:00
- **Site** www.koeniggalerie.com

* 무료 관람. 내가 방문했을 때는 일요일에도 전시 관람이 가능했지만, 지금 검색해보니 일요일은 휴무라고 나온다. 유동성이 있는 것 같으니 방문 전 반드시 확인하길 바란다.

오늘은 사진을 찍어주는 친구와 함께
갤러리에서 전시를 봤는데, 갤러리에 대한
간단한 설명을 해주었다. 그러면서 우리 둘은
조금씩 자연스러워졌고 쌀국수를 먹으면서는
훨씬 더 편해졌다.

Berlin Germany 280

Day 29
친구 로먼의 작업실

베를린에 와서 첫째 주에 콜비츠 플리마켓에 갔다. 거기서 러시안 아티스트 로먼을 만났는데 그의 작업실로 초대를 받았다. 여행이 시작될 즈음, 우연히 알게 된 그 친구를 여행이 끝날 무렵 다시 만났다. 로먼은 수년 전 베를린으로 여행 왔다 3년 전쯤 아내와 함께 베를린으로 이사해 이곳을 기반으로 활동하고 있다. 로먼의 작업에는 조금 '야한' 여자들이 등장하는데, 베를린에 왔을 때 카바레 문화에서 영감받은 것이라 한다.
로먼은 내게 베를린 여행이 어땠냐고 물었다. 나는 굉장히 자유로움을 느낀다고 대답했다. 나는 낯선 여행지, 특히 인종이 다른 여행지일수록 일종의 해방감 같은 것을 많이 느끼는 편이다. 한국에서도 크게 주변 시선을 개의치 않는 편이지만, 아무리 그래도 어느 정도는 눈치를 보거나 신경이 쓰이는 게 사실이다. 하지만 여행지에서는 반투명 인간이 된 듯한 기분에 종종 휩싸인다. 사람이 사는 것이 거기서 거기인지, 로먼도 비슷한 말을 했다. 베를린에서의 활동이 만족스러운지 물었더니 러시아에서보다 훨씬 자유롭다고 대답했다. 구석구석 쌓여 있는 그림을 하나하나 보여주며 친절하게 설명해준 로먼과 그의 아내에게 고맙다. 여행지에서 우연히 만난 아티스트의 작업실에 방문하게 될 확률은 얼마나 될까? 여행지에서 필요한 건 역시 호기심과 용기일 것이다.

로먼의 인스타그램 @manikhin

Made in Berlin

Add Neue Schönhauser Str. 19, 10178 Berlin
Open 월~토요일 14:00~20:00, 일요일 휴무
Site www.picknweight.de

아마노 홈 근처에 편집숍이 몰려 있는 거리가 있는데 어제는 일요일이라 문을 닫는 곳이 많았다. 숙소 근처로 가기 전에 잠깐 'Made in Berlin' 빈티지 숍에 들렀다. 빈티지 의류는 빈티지 가구만큼 선뜻 구입하게 되지 않아 빈손으로 나왔지만, 아이쇼핑만으로도 충분히 재미있다. 아마노 홈의 맞은편 큰길을 따라 세련된 편집숍이 늘어서 있는데 슈프림을 비롯한 감각적인 스트리트 브랜드가 비교적 많다.

Berlin Germany

즐비한 편집숍 사이로 들어가보고 싶은 카페도 많았지만, 왠지 커피 대신 맥주 한잔하고 싶었다. 초록색 일러스트가 귀여워 들어갔는데 제대로 찾았구나 싶었다. 스무 가지가 넘는 수제 맥주가 있는 맥주 바라니! 선택지가 너무 많으면 고르기 어렵기 마련인데, 나는 이럴 때 추천을 부탁한다. 상큼했으면 좋겠다, 에일을 선호한다 등 나의 취향을 얘기하니 두 종류를 추천했다.
맥주잔에 그려진 일러스트가 너무 귀여워 덜컥 구입하고 말았다. 머그나 유리컵은 그만 사겠다고 거듭 다짐했건만 예쁘고 귀여운 컵을 보면 언제 그랬냐는 듯 결심이 무너진다. 베를린에서 구입한 네 번째 컵이다. 부디 한국까지 깨지지 않고 무사히 가져갈 수 있기를 바라며.

Mikkeler Berlin

Add   Torstraße 102, 10119 Berlin
Open 월~목요일 17:00~24:00, 금요일 15:00~01:00,
      토요일 12:00~24:00, 일요일 15:00~23:00
Site mikkeller.com/locations/mikkeller-berlin

Jigi Poke

Add Rosenthaler Str. 69, 10119 Berlin
Open 월~금요일 11:30~21:30, 토요일 13:00~21:30, 일요일 13:00~20:00
Site www.jigipoke.de

이틀 동안 주방에서 간단한 음식을 만들어 먹었는데 오늘은 얼마 전에 지나가다 마크해놓은 포케집에서 밥을 먹기로 했다. 샐러드보다 든든하고 거한 식사보다는 가벼운 포케도 내가 좋아하는 메뉴다.
이기 포케Jigi Poke는 오픈한 지 얼마 안 되는 신상 포케집인데 그레이 톤을 베이스로 콘크리트와 돌, 나무 소재가 어우러진 인테리어가 눈에 들어왔다. 돌덩이처럼 보이는 스툴은 막상 앉아보니 조금 불편하긴 했다. 식재료가 모두 신선하고 한 끼 식사하기에 충분히 기분 좋은 곳이다.

Berlin Germany 288

Day 30
여행의 이유

오전에 아마노 홈을 체크아웃하고 에어비앤비 숙소로 다시 돌아왔다.
베를린에 온 지 오늘이 30일째, 마지막 날이다. 처음 이곳에 왔을 때 소파도, 액자 위치도 바꿨기 때문에 반나절은 원상복구하고 청소도 해야 했다.
나는 2주 이상이나 한 달 가까이 여행하는 편이라 누군가와의 동행이 쉽지 않았다. 혼자 하는 여행을 선호하지만, 이따금씩 몰려오는 외로움은 어쩔 수는 없다.

이번 여행은 조금 특별한 케이스로 한 달 동안 동반자와 함께했다. 더구나 동갑내기 친구와의 동행. 인테리어 디자이너인 친구가 자체 안식년을 갖는다고 해서 함께 올 수 있었다. 누군가와 함께 한 달이라는 시간을 공유한다는 게 기대되기도 했지만, 한편으로는 걱정하는 마음도 있었다. 하지만 취향도 비슷한 데가 있고, 동성에 동갑인 데다 사소하게는 청결의 예민함 정도까지 비슷한 편이라 크게 걱정하지는 않았다.
우리는 출발 전에 이런 다짐을 했었다. 만에 하나 불만이 생기면 꼭 즉시 말하자고. 하지만 불만을 그때그때 바로 털어놓는다는 게 말처럼 쉬운 일은 아니다.
함께 여행하지만 우리는 꽤 넓은 에어비앤비를 빌렸고 각자 독립된 방을 사용했다. 주방과 거실, 화장실만 셰어하는 거라 별다른 문제는 없을 거라 생각했다.
그런데 예상치 못한 문제에 마주하곤 했다. 취향이 비슷하다는 게 한국에서는 관계에 있어 더없이 긍정적이었다. 그런데 함께 여행하면서 쇼핑할 때 문제가 생길 줄이야. 우리는 키도 몸무게도 비슷한데, 둘 다 마음에 드는 한 벌 남은 재킷을 두고 눈치 게임을 하게 될 줄은 상상도 못했다.
방은 각자 사용했지만 방음이 취약한 유럽의 가정집에서 취침 시간이 다른 것도 적잖이 신경 쓰이는 일이었다. 그야말로 시시콜콜한 문제 아닌 문제가 종종 발생했다. 하지만 많은 신경전이 그렇듯 시간이 지나면 기억나지도 않을 만큼 사소한 것들이다. 한번은 같이 와인을 마시면서 어려운 부분을 이야기하다 눈물까지 터트렸는데, 지금 생각하면 실소가 나온다.

그렇지만 함께했기에 좋았던 순간이 훨씬 더 많았다. 식당에서 한 가지 이상의 음식을 주문할 수 있는 것, "정말 맛있다."는 수다를 떨며 식사할 수 있는 것, 심리적으로 안전하게 나이트 라이프를 즐길 수 있는 것 등 이번 여행은 그런 부분에서 너무나 특별했다. 한편으로 이번 여행은 '또 다른 나'를 발견하는 계기가 되었다.
나이를 먹으면서 이전과는 다른 나의 성향이나 취향도 알게 되었고, 혼자 여행할 때는 몰랐던 나의 낯선 모습도 발견했다.
만약 다음에도 기회가 주어진다면 기꺼이 함께하는 여행을 택할 것이다. 베를린에서의 마지막 날, 냉장고에 남은 재료를 몽땅 꺼내 우리 둘만을 위한 식탁을 정성껏 차렸다.

30일이라는 시간, 코로나19 이후 3년 만의 여행은 설렘과 고단함, 달고 쓰고 매운 맛이 조화롭게 버무려진 푸짐하고 맛있는 한 그릇 식사 같았다. 때때로 설탕보다 소금이 단맛을 극대화하듯 고단했던 순간마저 이번 여행을 더욱 극적이고 의미 있게 만들었을 것이다.

mein
Berlin

초판 1쇄 인쇄 2023년 9월 21일
초판 1쇄 발행 2023년 10월 14일

지은이 박규리
발행인 황혜정
펴낸 곳 오브바이포 Of By For
전자우편 ofbyforbooks@naver.com
팩스 02-6455-9244
인스타그램 @ofbyforbooks
출판등록 2017년 9월 19일 제 25100-2017-000071호
ISBN 979-11-962055-9-1(13980)

* 가격은 뒷표지에 있습니다.
* 저작권법에 따라 한국에서 보호받는 저작물이므로 복제를 금합니다.
* 이 책의 내용 일부 또는 전부를 재사용하려면 반드시 저작권자와 출판사의 동의를 얻어야 합니다.
* 표지 디자인 등 책의 디자인을 상업적으로 사용할 수 없으며 필요 시 반드시 출판사의 허락을 받아야 합니다.